Günther W. Frank

KOMBUCHA

Mythos • Wahrheit • Faszination

Das biologisch aktive Naturgetränk
Was es für Sie persönlich tun kann

ENNSTHALER VERLAG, A-4402 STEYR

Diese Buch wurde mit der erforderlichen Sorgfalt erstellt. Für eventuelle Schäden ist der Autor nicht zu verantworten, weil die Informationen keine medizinische Beratung darstellen. Die Anwendung der Ratschläge geschieht auf eigene Verantwortung. Das Trinken des Kombucha-Tees kann und soll nicht die Behandlung und Überwachung durch den Arzt oder Heilpraktiker ersetzen. Kombucha ist kein zugelassenes Arzneimittel, sondern ein „Lebensmittel besonderer Art". Es ist kein Heilmittel, sondern wird traditionell dazu verwendet, dem Körper zu helfen, sich selbst zu heilen. Die berichteten Ergebnisse beruhen auf Empirie, das heißt auf beobachteten Wirkungen und Erfahrung.

ISBN 3 85068 555 1

Satz, Druck und Verlag: Ennsthaler, A-4402 Steyr

Günther W. Frank, KOMBUCHA

Mythos, Wahrheit, Faszination

Inhaltsverzeichnis

Vorwort

Dieses Buch ist ein Spezialbuch über ein einziges Thema: „Was kann Kombucha für Sie persönlich tun?“

Es sagt Ihnen

- alles, was wir heute über Kombucha wissen,
- warum Kombucha wirkt,
- welche Inhaltsstoffe nach aktuellem Kenntnisstand als wirksam angesehen werden,
- was Kombucha für Ihr persönliches Wohlbefinden tun kann,
- wann und wieviel Sie von diesem Volksheilmittel zu Ihrem größten Nutzen trinken sollten
- und das alles gründlich, verständlich, ehrlich, wahr.

Wenn Sie dieses Buch gelesen haben, können Sie mitreden. Dann macht Ihnen in Sachen Kombucha keiner mehr etwas vor. Wenn Sie das Wirkprinzip von Kombucha verstanden haben, können Sie Ihre eigenen Schlußfolgerungen ziehen. Binden Sie das lebendige Lebensmittel Kombucha in Ihre tägliche Nahrung ein und genießen Sie das tolle Gefühl strotzenden Wohlbefindens. Kombucha schmeckt gut, Kombucha tut gut, Kombucha ist gut. A votre Santé!

Bitte bedenken Sie: Kombucha ist kein Arzneimittel. Kombucha heilt nicht eine bestimmte Krankheit. Nur der Körper selbst kann sich heilen und eine Krankheit bekämpfen. Alles was das Kombuchagetränk tun kann, ist, den menschlichen Organismus dabei zu unterstützen, indem es das körpereigene Abwehrsystem aktiviert und die Selbstheilungskräfte mobilisiert.

Kombucha ist ein Lebensmittel besonderer Art, ein biologisches, probiotisches Getränk voller lebender, starker Mikroorganismen, voller dynamischer Lebenskraft.

Möge Ihnen Kombucha einen reichen Nutzen bieten. Möge Kombucha in Ihrem Gesundheitsprogramm den ihm zustehenden Platz einnehmen. Möge Ihnen Kombucha durch die Aktivierung der Selbstheilungskräfte Fitneß, Aktivität, Wohlbefinden und gute Laune bescheren.

Günther W. Frank

KAPITEL 1

Kombucha – das faszinierende Lebenselixier

„Schön, schöner, Kombucha – in Hollywood oder im Model-Business läuft ohne diese gleichnamige Schönheitsbrause gar nix! **Claudia Schiffer, Barbara Streisand, Madonna, Naomi Campbell oder Kate Moss** schwören auf das Kräutertee-Getränk mit dem Hefepilz Kombucha, das in China seit 2000 Jahren getrunken wird.“ So schreibt die Tageszeitung „Berliner Kurier“ am 08. Mai 1998.[1]

Die Zeitschrift „freundin“[2] bestätigt am 12. August 1998: „Das schlucken die Stars: **Madonna** & Co. schwören jetzt auf Kombucha, den wiederentdeckten uralten Naturdrink der Chinesen. Obwohl der quallige Pilz, dessen Job es ist, Tee und Zucker zum Gären zu bringen, ziemlich eklig aussieht, hilft er gegen (fast) alles: aktiviert den Stoffwechsel, stärkt das Immunsystem, reinigt die Haut von innen.“

Und die Zeitschrift „Frau im Spiegel“[3] bringt am 1. Juli 1998 einen längeren Beitrag und schreibt unter dem Titel 'Wunderheiler Kombucha-Pilz': „Starke Wirkung: Der Kombucha-Pilz peppt Immunsystem und Stoffwechsel mächtig auf. (...) Der Kombucha-Pilz wird bei den Anhängern der grünen Medizin zum **Getränk des Sommers 98**. (...) Eine mehrwöchige Kur mit Kombucha-Tee wird von vielen Naturheilern als unterstützende Therapie bei Ekzemen, Neurodermitis und Schuppenflechte empfohlen. Kombucha-Tee kann aber noch mehr: Er wirkt entgiftend, hilft gegen Verstopfung, bringt das körpereigene Abwehrsystem auf Vordermann. Überdies baut Kombucha eine gesunde Bakterienflora im Darm auf.“

„Kombucha - Wundertee mit viel Geschmack“, so preist der Westdeutsche Rundfunk das Getränk.[4]

Der Schlagzeuger einer Band, die in Deutschland zumindest jeder junge Mensch kennt, sagte mir persönlich: „Meine Kollegen fragten mich immer wieder, was ich mache, daß ich stets gut drauf bin und so eine glatte Haut habe. Ich verriet ihnen mein Geheimnis: Kombucha. Jetzt wollen es alle haben.“

„Kom – buh – dscha? Noch nie gehört“, so eine Frau bei einer Umfrage des Pro 7-Fernsehteams.[5] Geht es Ihnen auch so? Sind Sie neugierig geworden? Wollen Sie die ganze Geschichte wissen? Gut! Steigen wir ein.

Ganz Hollywood schwört auf Kombucha

Es ist noch nicht lange her, da berichtete das Montagsmagazin „Focus“[6] unter der Schlagzeile „Ober, ein Pilz bitte“: „Tout Hollywood schwört auf einen Biotrunk als neues Fitneß- und Schönheitselixier. **Madonna** trinkt ihn jeden Morgen, Ex-Denver-Mimin **Linda Evans** legt sich Schnippel als Beautymaske aufs Gesicht, und Blondie **Daryl Hannah** züchtet ihn im Wohnzimmer. Hollywood ist auf den Pilz gekommen: Das Mekka von Filmindustrie und Schönheitsfanatikern hat den Kombucha-Juice zum neuen Quell ewiger Jugend erkoren. Das vermeintlich magische Gebräu, eine Symbiose aus Zucker, Hefezellen und Bakterien, soll ähnlich Obelix' Zaubertrunk Bärenkräfte verleihen, schöner machen und allerlei Wehwehchen lindern. Der Kult um den Fungus (lat. für Pilz) ist über 2000 Jahre alt. Die Chinesen entdeckten den Kombucha-Tee als Gesundheitselixier, russische Babuschkas brauen ihn seit Jahrhunderten.“

Fünf Millionen Amerikaner trinken Kombucha

„Fünf Millionen Amerikaner, so errechnete die 'New York Times', sind der Kombucha-Mania erlegen“, berichtet Focus. Und das stimmt. „The

New York Times" berichtete am 28.12.1994[7] unter der Überschrift „Ein Wunderpilz oder eine gefährliche Schrulle?", daß sich Kombucha in Amerika wie ein Kettenbrief ausbreitet, ja, daß manche Überschwengliche in dem Teepilz gar ein Geschenk Außerirdischer („It came from outer space...") an die leidende Menschheit sehen. Ein Geschenk, das Bluthochdruck senkt, die T-Abwehrzellen vermehrt, der Vitalität einen gewaltigen Schub versetzt, Akne wegzaubert und bei Arthritis die Beschwerden lindert. Ja, es gebe sogar viele Kombucha-Jünger, die Kombucha als Wundermittel (magic mushroom) betrachten und in ihm aus eigener Erfahrung den Schlüssel zu einem Dasein voller Lebenskraft sehen. Die Nachfrage sei überwältigend. Kombucha habe sich in den USA wie damals in den sechziger Jahren der Petticoat ausgebreitet, mit der einen Ausnahme, daß es sich bei Kombucha um etwas Lebendiges handelt.

Die Medien und das Internet entdecken Kombucha

Die „Kombucha vogue" in den USA, so schreibt die angesehene „New York Times", begann 1992. Damals veröffentlichte Tom Valentine in seiner Zeitschrift „Search for Health"[8] einen Beitrag über Kombucha, verbreitete die Nachricht über seine Entdeckung über seinen Radiosender „Free America" und empfahl als weitere Informationsquelle die englische Übersetzung[9] meines Buches „Kombucha - Das Teepilzgetränk"[10]. Dies löste Kombuchas Siegeszug in Amerika aus. Bald quoll das Internet über von Seiten, die sich mit Kombucha beschäftigten, und Kombucha wurde bekannt in aller Welt.

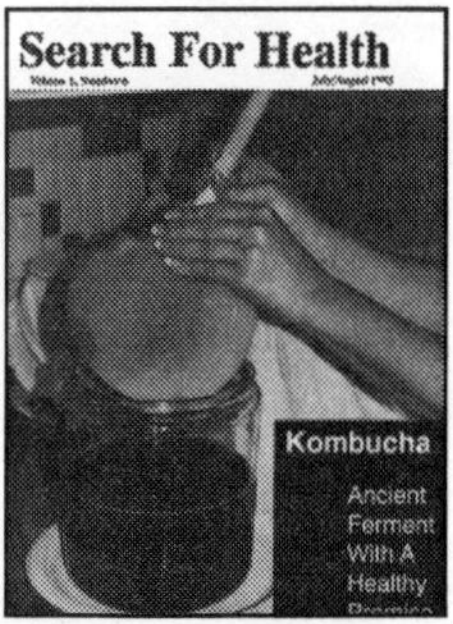

Kombucha - best drink in town

In Los Angeles titulierten die Amerikaner Kombucha als „best drink in town" („das beste Getränk in der Stadt"). Tausende von Kombucha-Pilzen wurden verkauft. Sie trugen den Aufkleber „Expect a Miracle" („Erwarte ein Wunder"). „Kombucha ist ein wahres Geschenk Gottes", das war der überwiegende Tenor und viele Menschen berichteten von seinem wundersamen Effekt auf ihr Wohlbefinden.

Was ist der Grund für die Kombucha-Euphorie in den USA? Warum hatten die Hula-Hoop-Reifen in den fünfziger Jahren einen derartigen Erfolg? Weil jeder, von den Großeltern bis zu den Kleinkindern, seinen Spaß daran hatte. Und der Grund für Kombuchas Erfolg? Die Antwort ist einfach: **„Kombucha wirkt“**. Jeder, der Kombucha trinkt, fühlt sich besser und großartig, rundum wohl. „Was Ginseng und Vitamin C nie erreicht haben: Kombucha hat es“, schreibt die New York Times.

Popularität hat auch ihre Probleme

Niemand weiß genau, wieviel Menschen in unserer Welt heute Kombucha trinken. Viele Menschen begeistern sich schnell für etwas Neues, noch dazu, wenn berühmte Leute verkünden, daß sie täglich Kombucha trinken und dadurch großen Nutzen erzielt haben. Die Begeisterung kann jedoch auch schnell wieder abflauen, wenn die Leute bemerken, daß sie einige Zeit und Energie für die Zubereitung des Getränks investieren müssen. Hier gibt es inzwischen die Möglichkeit, auf das fix und fertige Getränk zurückzugreifen, das inzwischen von einigen Firmen produziert wird.

Ich kann mir vorstellen, daß die überschwengliche Begeisterung sich stabilisieren wird und daß Sensationsberichte einer nüchternen Sichtweise Platz machen werden: Nämlich, daß Kombucha zwar nicht das Allheilmittel ist, als das es von manchen Anhängern bezeichnet wird, das Getränk uns aber helfen kann, bei den von allen Seiten auf uns einstürmenden Umweltbelastungen etwas für unsere Gesundheit und unser Wohlbefinden zu tun. Daß es uns Energie geben kann, um den täglichen Streß ohne Schaden zu überstehen.

Unsere Fast-Food-Ernährung ist oft arm an lebenswichtigen Stoffen. Kombucha kann uns auf angenehme Weise damit versorgen.

KAPITEL 2

Was ist Kombucha?

Der Teepilz Kombucha hat Brüder und Schwestern rund um den Erdball. Lebensgemeinschaften von Hefen und Bakterien werden von Menschen in aller Welt seit Urzeiten für die Herstellung von gesundheitsförderlichen Gärgetränken und Lebensmitteln verwendet und zu ihrem Wohlbefinden eingesetzt. Viele Fermentationsprodukte sind reich an wertvollen Vitaminen, Spurenelementen und anderen Vitalstoffen. Während des Fermentationsprozesses bilden sich wertvolle neue Stoffe, die den Stoffwechsel aktivieren, die Verdauung fördern, den Organismus reinigen, entschlacken und entgiften, die Darmflora günstig beeinflussen und das Immunsystem und die körperliche Abwehr stärken.

Wir lesen schon in der Bibel (Ruth 2,14), daß der Großbauer Boas die Moabiterin Ruth, die später seine Frau wurde, beim Ährenlesen einlud: *„Komm hierher und iß vom Brot und tauche deinen Bissen in den Essigtrank! Und sie setzte sich zur Seite der Schnitter. Er aber legte ihr geröstete Körner vor, und sie aß und wurde satt und ließ noch übrig.“* Aus diesem biblische Bericht, der um die Zeit 1000 v. Chr. spielt, sehen wir, daß schon in alter Zeit mittels Mikroorganismen milchsaure Getränke zubereitet wurden und den Menschen als Kraftspender und Erfrischung während der harten Erntearbeit dienten.

Auch bei den alten Ägypter war eine Art Essigbier sehr beliebt. Sie nannten es „Hequa“. Ein weiteres Beispiel ist Posca, das Hauptgetränk des römischen Heeres, eine Art Essigwasser. Die Säure gab dem Getränk seinen erfrischenden Charakter und vernichtete schädliche Bakterien in dem Wasser, das die römischen Soldaten unter Kriegsbedingungen zu trinken gezwungen waren[11].

Der Name Kombucha war zu damaliger Zeit noch nicht gebräuchlich. Möglicherweise waren die genannten Getränke aus alter Zeit identisch mit dem Getränk, das wir heute Kombucha nennen. Verwandte waren es auf jeden Fall.

Viele dieser Naturprodukte, kurbeln den Stoffwechsel an und entschlacken und entgiften. Sie stabilisieren die Gesundheit und machen widerstandsfähiger.

Der beste Arzt ist die Natur.
Sie heilt drei Viertel aller Krankheiten
und spricht nie Böses über einen Kollegen.
Galenos von Pergamos
(129 - 200 n.Chr.)

Drei lebenskräftige Kombuchakulturen

Kombucha ist kein Pilz, sondern eine Symbiose

Der Name „Teepilz Kombucha" hat sich bei uns im Volksmund seit langem eingebürgert. In Wirklichkeit ist Kombucha jedoch kein Pilz. Er sieht auch nicht aus wie ein Champignon. Der Kombucha-Teepilz hat die Form einer flachen, elastischen, meist weißgrauen oder bräunlichen Scheibe und ähnelt fast einem dicken, fetten Pfannkuchen. Der Teepilz Kombucha ist kein eigenständiges Lebewesen, sondern eine Lebensgemeinschaft (Symbiose) aus verschiedenen Hefezellen und anderen Mikroorganismen. Ein Mikroorganismus ist ein kleines, einzelliges Lebewesen, das mit bloßem Auge meist nicht wahrnehmbar ist.

Die genaue Zusammensetzung der Teepilz-Symbiose kann je nach geographischen und klimatischen Bedingungen stark variieren. Es wurden folgende Mikroorganismen gefunden[12, 13]:

Bakterien: Acetobacter xylinum, Acetobacter xylinoides, Acetobacter pasteurianum Acetobacter ketogenum und andere Acetobacter sp., Bacterium gluconicum[14], Lactobacillus casei und andere Milchsäurebakterien.

Hefen: Schizosaccharomyces pombe[15], Saccharomyces ludwigii, Saccharomyces cerevisiae, Saccharomyces uvarum und andere Saccharomyces sp., Torulopsis famata, Torula mycoderma und andere Hefen der Gattung Torula, Pichia sp (Pichia fermentans, Pichia membranaefaciens), Apiculatis-Hefen (Kloeckera apiculata, Hanseniaspora), Brettanomyces, Zygosaccharomyces, Issatchenkia orientalis/occidentalis.

Ist sie nicht wahrhaft künstlerisch,
die Natur, die solches schuf?
Galenos von Pergamos (129 - 200 n.Chr.)

Der Kombuchapilz ist keine Flechte

Es wird immer wieder behauptet, der Kombucha-Teepilz sei eine Flechte. Das ist eindeutig falsch! Eine Flechte ist eine Lebensgemeinschaft von Algen und Pilzen und benötigt zu der bei Algen typischen Photosynthese zum Aufbau des Chlorophylls Licht als Energiequelle. Die Kombucha dagegen gedeiht auch bei Dunkelheit, eben weil sie keine die für Flechten typische Algenkomponente enthält. Und unter jedem Mikroskop ist zu erkennen, daß Kombucha keine Algen enthält.

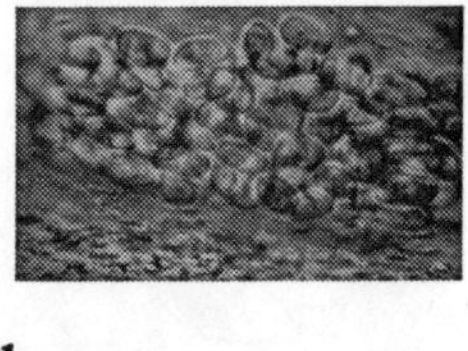

Ein Blick durch das Mikroskop zeigt: Der Kombuchapilz ist eine Lebensgemeinschaft (Symbiose) von Hefezellen (die größeren runden Nester) und Bakterien. Vergrößerung 800:1

Der Teepilz ist eine kleine biochemische Fabrik

Zur Herstellung des Getränks wird eine Nährlösung aus gezuckertem schwarzem, grünem oder Kräutertee zubereitet, in die der Teepilz eingesetzt wird. Während des Gär- und Oxidationsprozesses bewirkt der Pilz, daß in dem Teeansatz nacheinander und nebeneinander verschiedene komplizierte Reaktionen (Assimilations- und Dissimilationsprozesse) ablaufen. Der Teepilz produziert dabei wertvolle Stoffe, die in das Getränk übergehen. Er ist also eine richtige kleine chemische Fabrik. Näheres über die Inhaltsstoffe finden Sie im Kapitel 6.

Bei der Vergärung des Kombuchagetränks kommt es zu einer Aufschlüsselung der Inhaltsstoffe des Tees und zu einer starken Vervielfältigung seiner Wirkung. Schon Paracelsus verwendete viele Heilpflanzen nur in vergorenem Zustand und erzielte dadurch große Heilerfolge.

Die Mikroorganismen fressen den Zucker

Anhänger der Vollwerternährung werden fragen, warum man eine so umstrittene Substanz wie Zucker für ein angeblich gesundes Getränk verwendet. Die Erfahrung zeigt jedoch, daß nicht nur der größte Teil des Zuckers in wertvollere Stoffe umgewandelt wird, sondern daß auch deren Anteil – etwa der von Gluconsäure im Vergleich zur weniger erwünschten Essigsäure – bei der Verwendung von Zucker am höchsten ist. Der Zucker ist bei der Kombuchaherstellung unbedenklich, weil er den Mikroorganismen des Teepilzes als Nahrung dient. Er wird von ihnen sozusagen „gefressen“ und weitgehend in die Inhaltsstoffe des Getränks umgewandelt sowie für das Wachstum eines neuen Pilzes verwendet.

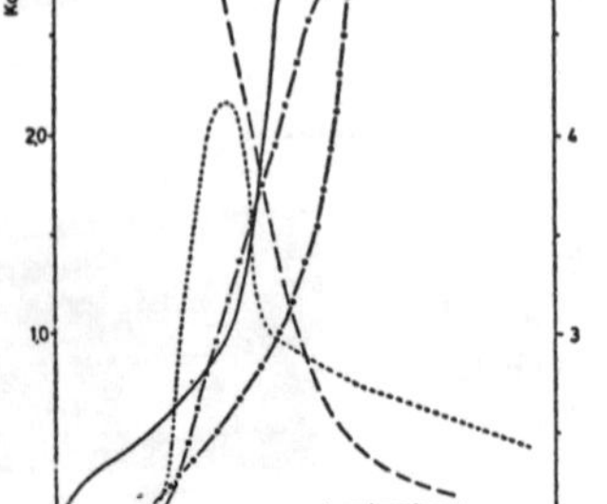

Abb. 3. Inhaltsstoffe im Teekwaß aus Schwarztee
—— Milchsäure; -×-×- Glukonsäure;
-▲-▲- Essigsäure; - · - · - Ethanol;
-------- Glukose; — — — pH-Wert

KAPITEL 3

Der Siegeszug von Kombucha

Kombucha - uralt und bewährt

In China soll der Kombucha-Teepilz schon vor rund 2200 Jahren gebraucht worden sein, um die Unsterblichkeit zu erlangen. Stalin habe ihn benutzt. Der ehemalige Präsident Ronald Reagan soll ihn von den Japanern bekommen und damit seine Krebserkrankung in Schach gehalten haben.

Auch Alexander Solschenizyn erzählt in den Urfassungen von „Die Krebsstation", „Die rechte Hand" und seinen Autobiographien ausführlich, wie er im Lager selbst an Magenkrebs mit zahlreichen Metastasen in Lunge, Leber, Darm usw. aussichtslos erkrankt war, wie er dann aber wie durch ein Wunder durch den Teepilz, der auf Birkenblättertee angesetzt wurde, vollkommen ausheilte. Weitere Details dazu lesen Sie in Kapitel 9.

Seit Generationen geschätzt und begehrt

Kombucha ist also kein neues Modegetränk. Der Teepilz ist ein uraltes Volks- und Hausmittel. Seine Wirkung wird seit Generationen von vielen Völkern, vor allem im ostasiatischen Raum, geschätzt und begehrt.

Ich sprach mit vielen Menschen aus Ostpreußen, den Ländern des Baltikums und manchen Teilen Schlesiens, Sachsens und des Sudetenlands. Sie erinnern sich noch gut, wie in ihrer Kindheit die Großmutter in einer warmen Ecke einen auf gesüßtem Tee schwimmenden Teepilz hütete. Unter ihrer Obhut und Pflege wurde das bewährte und begehrte Getränk für die ganze Familie zubereitet.

Kombucha diente der ganzen Familie als Haustrunk. Anstatt teurer zuckerhaltiger Limonaden trank man Kombucha und tat damit nebenher viel für Gesundheit und Wohlbefinden.

„Japanisches Mütterchen" - Die ostasiatische Herkunft

Die ursprüngliche Heimat des Teepilzes wird jedoch noch weiter östlich vermutet: Japan oder China. Darauf weisen schon die Namen „Chinesischer oder japanischer Teepilz", „Fungus japonicus" oder die originelle Bezeichnung „Japanisches Mütterchen" hin.

Bereits in der „sagenhaften Zeit" (Ming Wong) der alten Chinesen wurden Gärungsprodukte von Körnern und Gemüsesorten als hervorragende Kräftigungsmittel empfohlen. Die Erfinder der Rezepturen sollen die Herrscher Yi Ti und Tu K'ang gewesen sein - um 2000 vor Christus. Die Chinesen hatten erkannt, daß vergorenes Material gehaltvoller sein kann als das erntefrische Ausgangsprodukt (nach Böhmig, 1983).

Der Tee der chinesischen Kaiser

In der Medizingeschichte weiß man, daß später – um 200 vor Christus – im alten chinesischen Kaiserreich der Tsin-Dynastie intensiv an der Erforschung der Pilze gearbeitet wurde. Der König von Tsin, Yin Tscheng (259-210 v.Chr.) hatte im Jahre 221 v.Chr. aus den chinesischen Einzelstaaten einen Zentralstaat gebildet. Er proklamierte sich zum Kaiser und zum Begründer der Tsin-Dynastie (Tsin Sche Huang-ti). Am neuen Kaiserhof drehte sich alles um die Suche nach der Droge des „langen Lebens". Kaiser Sche Huang-ti verwandte seine ganze Kraft auf das Finden des Elixiers für ein langes Leben und für Gesundheit bis ins hohe Alter. In seinem Hofstaat arbeiteten viele Gelehrte, die den kryptogamischen Pflanzen (Pilze,

Der erste Kaiser der Tsin-Dynastie: Tsin Sche Huang-ti

Farne, Moose) wundersame Eigenschaften zuschrieben. Vor allem gewisse Pilze wurden als Mittel zur Erlangung der Unsterblichkeit angesehen. Der berühmteste ist der „göttliche Tsche". Der Ganoderma japonicus /Fr. Lloyd, was gleichbedeutend ist mit dem Terminus göttlicher Tsche (Ling-tsche), wird noch heute in Südchina bei chronischer Gastritis angewandt[17].

Es wird berichtet, daß der Name Kombucha auf den koreanischen Medizinier Kombu aus dem Königreich Sylla zurückgeht, der im Jahre 414 n. Chr. nach Japan gerufen wurde, um dort den Kaiser Ingyô (Regierungszeit 412 bis 453) zu behandeln. Das Jahr 414 dürfte dann auch als der Zeitpunkt angenommen werden, als der 'Tsche des Kombu' nach Japan gelangte. Eine Legende? Die Medizingeschichte jedenfalls kennt diesen koreanischen Mediziner namens Kombu[18].

Der Siegeszug des Teepilzes

Seine belebende und heilende Wirkung bescherte dem Kombucha-Teepilz bald den Ruf eines Universalheilmittels. Allerdings sollten wir trotz aller Wunderberichte bescheiden bleiben. „Unsterblichkeit" bedeutet für den Chinesen nicht mehr und nicht weniger als Gesundheit bis ins hohe Alter.

Von China oder Japan breitete sich der Teepilz im gesamten ostasiatischen Raum aus. Aufgrund der Vorliebe des russischen Volkes für Gärgetränke, denken wir nur an den aus Brot und anderen Zutaten hergestellten Kwaß, breitete sich der Pilz rasch in Rußland aus. Von dort kam er in die deutschen Ostgebiete. Im Jahre 1913 erschien die erste deutschsprachige wissenschaftliche Veröffentlichung über den Teepilz. Prof. G. Lindau beschrieb damals eingehend eine Kultur, die er von einem Dr. Gisevius erhalten hatte und die aus Mitau in Kurland stammte. Dort wurde das Getränk gegen alle möglichen Krankheiten angewandt. Seeleute sollen den Pilz vor nicht langer Zeit nach Mitau gebracht haben. Prof. Lindau gab der Pilz-Symbiose zu Ehren von Dr. Gisevius den wissenschaftlichen Namen „Medusomyces Gisevii".

1913: Der Kombucha-Teepilz kommt nach Deutschland

In der Zeit des Ersten Weltkriegs dehnte sich die Verwendung des Teepilzes immer weiter nach Westen aus. Aus Polen haben wir Nachrichten über den Teepilz aus der Zeit des Ersten Weltkriegs. Waldeck erzählt 1927, daß ihm während des Krieges ein polnischer Apotheker, bei dem er einquartiert war, einen milden, aber prompt wirkenden Abführtrank bereitet habe - mit Hilfe eines russischen Geheim- und Hausmittels, des sogenannten „Wunderpilzes", „Wolgapilzes" oder „Teekwaßpilzes". Russische und deutsche Kriegsgefangene scheinen bei der Weitergabe der Kulturen eine große Rolle gespielt zu haben. Mitte der 20er Jahre ist der Teepilz in Deutschland als Haus- und Heilmittel weit verbreitet. Dr. Harms[20] erwähnt, daß der Teepilz in einigen Gegenden Deutschlands z.B. im westfälischen Industriegebiet, schon weit verbreitet ist. Danach „ist der Pilz in vielen Kreisen ein begehrtes Objekt, das gerne weitergegeben und viel verlangt wird." In den Jahren zwischen den beiden Weltkriegen fand der Teepilz in Deutschland eine große Verbreitung. Er wurde unter verschiedenen Phantasienamen wie „Mo-Gû" oder „Fungojapon" in den Apotheken verkauft.

Lange Zeit in Vergessenheit geraten

Das Wissen um den Kombuchapilz war dann lange Zeit in Vergessenheit geraten. Einerseits mag daran schuld gewesen sein, daß die benötigten Rohstoffe - Tee und Zucker - während der Kriegszeiten rar waren und das Kombuchagetränk deshalb nicht zubereitet werden konnte. Andererseits hatte der Siegeszug der chemischen Arzneien die natürlichen Volksmittel in den Hintergrund gedrängt. Jahrelang wurden die Erfolge der chemisch-synthetisch orientierten Heilkunde gefeiert. Mehr und mehr stellten sich jedoch die erkauften Nachteile heraus. Die auf den Beipackzetteln aufgelisteten Nebenwirkungen zeigen deutlich die Gefahren, die diese Arzneien für den Organismus bedeuten können.

Die Naturheilkunde ist wieder „in"

Im Laufe der Zeit ist die Euphorie der Wissenschaftsgläubigkeit zunehmender Enttäuschung und Skepsis gewichen. Mehr und mehr Menschen vertrauen auf Naturheilmittel und bewährte Methoden der Volksheilkunde. Immer mehr Menschen mißtrauen der Chemie in Pillen und Salben. Die Naturheilkunde findet Zustimmung auf breiter Front. Dr. Barabara Steinhoff vom Bundesfachverband der Arzneimittelhersteller e.V. (BAH): „Laut einer aktuellen Umfrage verwenden 65 Prozent der Bevölkerung in Deutschland schon heute Naturheilmittel - Tendenz steigend."

Wir erleben heute eine Rückbesinnung auf naturbewußte Heilverfahren ohne unangenehme Nebenwirkungen und natürliche Heilmittel. Alte Volksheilmittel finden mehr und mehr Anklang und Interesse. Eines dieser uralten Volksmittel, das zugleich Lebensmittel (oder „Überlebensmittel") ist, ist das Gärgetränk aus dem Kombucha-Teepilz. Im Zuge der Rückbesinnung auf die Kräfte des Lebendigen in der Natur kommt Kombucha wieder zu der ihm zustehenden Hochachtung: Das Gärgetränk Kombucha gewinnt als nebenwirkungsfreie Selbsthilfe gegen die vielfältigen schädlichen Einflüsse aus unserer Umwelt neue Bedeutung. Das Interesse an dem uralten Naturhausmittel Kombucha ist bei vielen Menschen wieder erwacht. Viele Anhänger von Naturheilverfahren empfehlen Kombucha zur Sicherung des Wohlbefindens.

> Die stille Revolution, bei der es nicht um politische Umwälzungen geht, sondern um unsere persönliche Autonomie: Die Menschen werden mündig und erwachen. Nirgends ist das so deutlich sichtbar als im Lebensbereich Gesundheit. Wir vertrauen nicht mehr blind nur auf das, was uns die chemische Industrie beschert. Mehr und mehr Menschen sagen sich „Es ist mein Körper. Ich höre auf ihn. Und ich spüre selbst, was ihm gut tut."

Mein Weg mit Kombucha

Als ich das erste Mal von Kombucha hörte, dachte ich mir: „Na ja, wieder eins dieser neuen Wundermittel, die hochgejubelt werden und nach einiger Zeit wieder in der Versenkung verschwinden". Große Versprechungen machen mich skeptisch. So erging es mir, als ich vor etwa $1\frac{1}{2}$ Jahrzehnten Bekanntschaft machte mit dem Teepilz Kombucha.

Der Ruf des Kombuchagetränks, ein wahres Wundermittel zu sein, war mir verdächtig, machte mich jedoch zugleich neugierig. Ist Kombucha ein Instant-Gesundmacher, der sämtliche Übel aus der Welt schafft? Ein magischer Jungbrunnen? Eine Patentlösung gegen alle Krankheiten? Ein flüssiges Allheilmittel? Ich wollte dem Mythos, der den Kombucha-Pilz von alters her umgibt, auf den Grund gehen. „Was stimmt?" - das war die Frage, die mich fortan antrieb. Der Kombucha-Pilz, diese kleine biochemische Fabrik, die verschiedene organische Säuren und andere Substanzen produziert, ließ mich nicht mehr los.

Aus der Schatzkammer östlicher Volksmedizin

Seitdem beschäftige ich mich intensiv mit diesem alten Naturmittel aus dem ostasiatischen Raum. Ich habe hunderte Liter Kombucha zubereitet und mit meiner Familie getrunken. Ich konnte selbst feststellen: Dieses Getränk ist voller Lebenskraft. Es tat mir gut. Es bescherte mir die nötige Energie für meine täglichen Aufgaben. Ich fühlte mich rundum wohl. Und nicht nur ich. Meine Frau hat keine Migräne mehr, seit sie Kombucha trinkt. Nachbarn berichten, daß ihr Hausarzt eine deutliche Besserung ihrer Blutwerte festgestellt hat, seit sie Kombucha trinken. Ich habe eigene Versuche angestellt und alles studiert, was ich zum Thema Kombucha irgend auftreiben konnte. Ich konnte wertvolle, hilfreiche Kontakte mit Fachleuten, Professoren, Ärzten, Heilpraktikern, Apothekern, Chemikern usw. knüpfen, die sich schon vor mir mit Kombucha beschäftigt hatten. Das half mir, zusätzlich zu meinen eigenen Beobachtungen auch die theoretischen Grundlagen zu erschließen und zu verstehen, warum Kombucha wirkt. Dankbar bin ich auch für den fruchtbaren Gedankenaustausch mit den vielen Frauen und Männern, die mich von ihren vielerlei Erfahrungen in der Praxis profitieren ließen.

Prof. Danielovas Buch (Erewan/Armenien): „Der Teepilz - aus der Schatzkammer russischer Volksmedizin"

Bei meinen Versuchen, zu den Quellen vorzustoßen, stellte ich erstaunt fest, daß über den Teepilz eine reichhaltige Literatur über die Welt verstreut ist. Professor Dr. Eduard Stadelmann[21] hatte bereits 1960 eine Bibliographie über den Teepilz veröffentlicht, die allein 260 Publikationen auflistete. In der Zwischenzeit ist eine beachtliche Anzahl dazugekommen. Es gelang mir, wertvolle wissenschaftliche Arbeiten aus dem russischen Raum zu bekommen, wo der Teepilz auch nach dem zweiten Weltkrieg erforscht und in Kliniken angewandt worden war.

Vom Skeptiker zum überzeugten Anhänger

Zusammen mit den eigenen Versuchen, Erforschungen und Erfahrungen reifte in mir schließlich die Erkenntnis: Es ist in der Tat etwas dran am guten Ruf von Kombucha. Manches bedarf noch der Erforschung, andere Wirkungsmechanismen sind durch wissenschaftliche Untersuchungen und durch Erfahrung durchaus belegt und erklärbar. Ein gesunder Körper, der gegen Alterserscheinungen gefeit ist, braucht eine wertvolle Ernährung. Der Körper verlangt die richtigen Bausteine, um rundum kerngesund zu bleiben. Vielleicht enthält Kombucha einige der starken Substanzen, einige der noch nicht vollständig identifizierten Stoffverbindungen, die zu unserem Wohlsein beitragen. Vielleicht ist das der Grund dafür, daß Kombucha von einer besonderen Aura umgeben ist? Ich persönlich schätze Kombucha als ein hochwirksames Lebensmittel, ein wertvolles Naturprodukt, ein biologisches, lebendiges Gärgetränk. Es ist für jeden gesundheitsbewußten Menschen ein wirksames zusätzliches Lebensmittel, das durch die zuverlässige Aktivierung des körpereigenen Immunsystems dazu beiträgt, Gesundheit, Fitneß, Vitalität, Aktivität, Wohlbefinden und unsere geistige und körperliche Leistungsfähigkeit zu erhalten, zu regenerieren und zu stabilisieren.

Ich habe einen Traum

Das letzte Geheimnis dieses „Wunderpilzes“, wie er in manchen Publikationen genannt wird, ist bis heute noch nicht ergründet. In Hinsicht auf die weite Verbreitung von Kombucha besteht hier Forschungsbedarf. Worauf sind die Heilwirkungen, von denen so viele Menschen berichten, tatsächlich zurückzuführen? Wir wissen noch nicht alles. Dieses Buch spiegelt den jetzigen Wissensstand wider.

Vielleicht findet sich noch ein wohlhabender Mensch, der als Wohltäter (weil er vielleicht von Kombucha selbst viele Wohltaten erfahren hat) die finanziellen Mittel spendet, die nötig sind, um die Kombucha-Forschung voranzutreiben, so daß dieses Volksheilmittel auch von der etablierten Medizin entdeckt wird.

KAPITEL 4

Wie ist Kombucha einzustufen?

Wie ist Kombucha einzustufen? Das ist ein breites Spektrum. An einem Ende dieses Spektrums wird Kombucha als ein köstliches Getränk mit einer interessanten Geschichte beschrieben. Am anderen Ende dieses Spektrums steht der Anspruch, daß das Getränk faszinierende gesundheitspositive Eigenschaften besitzt, indem es z.B. Krebs verhütet oder gar zum Stillstand bringt.

Kombucha - das leckere Erfrischungsgetränk

Es ist kein Wunder, daß Kombucha schon immer auch als Genußgetränk Anklang fand, denn der köstliche, prickelnde, fruchtige Geschmack des richtig zubereiteten Kombuchagetränks ist nicht zu verachten. Ein Glas Kombucha, in dem die Kohlensäurebläschen nach oben perlen - das ist ein wahrer, gesunder Durstlöscher.

Das prickelnde Kombuchagetränk erinnert an einen trockenen moussierenden Wein, Apfelsaft oder leicht angegorenen Süßmost. Man kann es als köstlichen Aperitif servieren oder auf einer Party als das etwas andere Mixgetränk kredenzen. Selbstverständlich ist ein leckeres Kombuchagetränk die empfehlenswerte Alternative für Autofahrer. Der Alkoholgehalt des Getränks (0,5%) entspricht etwa dem von Apfelsaft oder des sogenannten alkoholfreiem Biers. Der säuerliche Geschmack des Getränks tritt um so mehr in den Hintergrund, je kühler Kombucha serviert wird.

Kombucha ist ein lebendes Naturgetränk. Es schmeckt köstlich, belebend, erfrischend. Kombucha widerlegt das alte Vorurteil, das alles Gesunde bitter ist oder unserem Gaumen nicht zusagt.

Erfinden Sie selbst ein paar persönliche Variationen? Hier nur als Anregung zwei Vorschläge:

Erfrischungsgetränk mit Kräutern
1 Liter Apfelsaft
1 Liter Eistee (Zitrone)
1 Liter Kombucha
1 Bund frische Kräuter der Saison, zum Beispiel Pfefferminze, Holunderblüten, Krause-Minze, Zitronenmelisse, Boretsch, Gänseblümchen etc.
1 Zitrone, in Scheiben geschnitten
Eiswürfel (eventuell mit dekorativen eingefrorenen Blüten)
1 - 2 Flaschen Sprudel

Die Kräuter (ca. 1 Hand voll) bis zu 3 Stunden in den Getränken (außer Sprudel) ziehen lassen, dabei kühl stellen. Vor dem Herausnehmen die Kräuter noch einmal kräftig ausdrücken. Eiswürfel und Zitronen hinzufügen und servieren. Dazu Sprudel reichen und das Ganze im Verhältnis (nur als Beispiel) 1/3 Sprudel, 2/3 Kräuterkombucha trinken. Tip: Das Getränk läßt sich je nach Geschmack beliebig abwandeln, schmeckt aber immer köstlich und erfrischend, ähnlich dem bekannten „Almdudler".

Erfrischungsgetränk mit Holundersaft
1½ Liter Kombucha
0,2 Liter selbstgemachten Holundersaft
1 Messerspitze Vitamin C (Ascorbinsäure)
Traubenzucker (eventuell zum Nachsüßen)
1 Liter Sprudel
Eiswürfel
Dieses Getränk hat einen sehr eigenwilligen, aber auch sehr durstlöschenden köstlichen Geschmack.

Selbstverständlich kann Kombucha als Mixgetränk auch mit Alkohol kombiniert werden. In der Zeitschrift „De Bergcultures"[(22)] aus Djakarta wird erwähnt, daß man mit dem Kombuchagetränk köstliche Longdrinks und

Cocktails zubereiten kann. Es wird empfohlen, zu diesem Zweck kleine Eisstückchen, einige Tropfen Angustura-bitter und nach Geschmack entweder Rum, Arrak, Kognak oder Gin zuzufügen. Lassen Sie Ihrer Kreativität freien Lauf.

Nichts besseres gegen den Durst

Frau R.P. aus Locarno, Schweiz: „Mit übergroßer Freude bin ich in einer Besprechung Ihres Buchs dem Kombucha-Pilz wieder begegnet. Und dies nach 20 Jahren, seitdem ich auf seiner Suche bin. (...) Eine sehr betagte Klosterfrau schwärmte damals von einem Teepilz, den sie damals in ihrer Kindheit zu Hause in Deutschland gehabt hätten. Es sei ein wunderbares Getränk gewesen, etwas moussierend, und man habe es korbflaschenweise den Erntearbeitern aufs Feld gebracht. Nichts besseres habe es gegen den Durst gegeben."

Kombucha ist mehr als ein Erfrischungsgetränk

Kombucha schmeckt gut – Kombucha tut gut – Kombucha ist gut.

Kombucha ist aber weit mehr als ein angenehmes Getränk, und der gute Geschmack ist zwar nicht zu verachten, jedoch zweitrangig. Der gute Ruf von Kombucha und seine weite Verbreitung beruhen nicht darauf, daß das Getränk nur ein köstlicher Durstlöscher ist. Immer mehr Laien und Naturheilkundige sind davon überzeugt, daß Kombucha mehr ist als nur ein Erfrischungstrunk. Vor allem die gesundheitlichen Eigenschaften sind es wert, sich mit ihm näher zu beschäftigen. Über entgiftende Eigenschaften sowie Erfolge bei Immunschwäche, Rheuma, Gicht und Hautausschlägen wird häufig berichtet.

Aus Dr. A Vogels Gesundheitsnachrichten:[23]
„Der Kombucha-Tee ist nicht nur ein erfrischendes und gesundes Getränk. In ganz Ostasien und Rußland wird er gern zur Labung des Körpers und als Heilmittel getrunken. Wer um seine Gesundheit besorgt ist, dem wird dieses Getränk wärmstens empfohlen."

Die Liste ließe sich problemlos fortsetzen. Diese Tatsache ist lange bekannt, wenn sie auch nicht erklärbar war und auf reiner Erfahrung (Empirie) beruhte. Das Institut für Ernährungswissenschaften der Justus-Liebig-Universität Gießen bemängelte indes schon 1995, daß es „exakte Studien" zum Kombucha nicht gebe. Eine definitive Beurteilung seiner Heilwirkungen sei deshalb auf der Grundlage vorliegender Erkenntnisse nicht möglich.

Kombucha ist deshalb auch kein vom Bundesinstitut für Arzneimittel und Medizinprodukte (BfArM, aus dem Bundesgesundheitsamt hervorgegangen) in Berlin anerkanntes Arzneimittel, sondern ein Mittel, das zur Zeit überwiegend noch in der Volksmedizin angewandt wird. Die Anwendung von Kombucha beruht auf Empirie, das heißt auf Erfahrung, wobei die Wirkungen nicht immer theoretisch erklärbar sind. Die empirischen Zeugnisse belegen ein sehr breit gefächertes Anwendungsspektrum.

Was sagte das ehemalige Bundesgesundheitsamt in Berlin dazu?

Professor Dr. Dr. F. Staib vom Robert-Koch-Institut des ehemaligen Bundesgesundheitsamtes (jetzt „Bundesinstitut für Arzneimittel und Medizinprodukte") in Berlin sagte zu Kombucha laut einer Meldung in der Zeitung „Hessische Allgemeine - Sonntagszeitung"[24]:

„Kombucha ist erfrischend und unschädlich

Der asiatische Teepilz 'Kombucha' wird besonders in alternativen Läden oft als universelles Heilmittel gepriesen. Hat er aber vielleicht auch schädliche Wirkungen? Auf diese Frage eines besorgten Arztes gibt Professor Dr. Dr. F. Staib vom Robert-Koch-Institut des Bundesgesundheitsamtes eine beruhigende Antwort. Kombucha sei eine gallertartige Masse, die sich aus einer Art Symbiose von Gärhefen und Essigbakterien auf gezuckertem schwarzen Tee bildet. Die dabei entstehenden Produkte sind Alkohol (Anmerkung Günther Frank: Etwa 0,5 %), Kohlensäure und verschiedene organische Säuren. Das Ergebnis ist ein erfrischendes Getränk, das man in Rußland unter der Bezeichnung 'Tee-Kwaß' kennt. Professor Staib: 'Gesundheitsschädliches ist über dieses Getränk nicht bekannt, und auch durch die entstehenden natürlichen Konservierungsstoffe bei der kurzen Herstellungszeit kaum vorstellbar.“

Legende und Wahrheit

Über den Kombucha-Pilz liegt ein erheblicher Erfahrungsschatz vor. Insbesondere in den asiatischen Ländern und in Rußland wird der Teepilz seit Jahrhunderten mit gutem Erfolg als Naturheilmittel eingesetzt. Neben der Verwendung als Erfrischungsgetränk kann man fast in allen Berichten auch von seiner Verwendung als Heilmittel lesen.

Wenn wir erfahren, daß der Teepilz Kombucha schon vor Christi Geburt als Mittel zur Erlangung der Unsterblichkeit angesehen wurde, so erkennen wir, daß den Teepilz schon von alters her der Nimbus des Allheilmittels umgibt.

Dichtung und Wahrheit ranken sich seit jeher um die Kräfte des Kombucha-Tees. Da aber auch jeder Dichtung und jeder Legende ein reales Erleben zugrunde liegt, ist auch der Glaube an die unglaublichen Kräfte des Kombucha-Pilzes auf damals schon beobachteten erstaunlichen Wirkungen begründet. In den Berichten aus alter und neuer Zeit werden eine Unzahl von Krankheiten genannt, für die der Kombuchatee gebraucht und gepriesen wird. Die Palette reicht von der harmlosesten Unpäßlichkeit bis zu der schwersten Erkrankung. Es trifft durchaus zu, was in „Hagers Handbuch für die pharmazeutische Praxis"[25] unter dem Stichwort „Combucha" angeführt ist: „Anwendung. In der Volksheilkunde bei fast allen Krankheiten, als Diureticum bei Ödemen, besonders gegen Arteriosklerose, Gicht, Darmträgheit und Steinleiden. Als Erfrischungsgetränk und nach längerer Einwirkung als Speiseessig."

Es liegen zahlreiche wissenschaftliche Arbeiten über Kombucha vor. Sie sprechen von einer therapeutischen Wirksamkeit durch die Bestandteile Glucon- und Glucuronsäure, Milchsäure, Essigsäure sowie der lebenswichtigen Vitamine C und der B-Gruppe. Wie vor allem russische Forschungen beweisen, haben viele der Inhaltsstoffe antibiotische und entgiftende Eigenschaften und spielen bei den biochemischen Abläufen im menschlichen Körper entscheidende Rollen. Im Gegensatz zu vielen Pharmaka richten sich die Wirkstoffe der Kombucha auf das Körpersystem als ganzes und können durch die stoffwechselfreundlichen Eigenschaften den normalen Zustand in den Zellmembranen ohne Nebenwirkungen wieder herstellen und so das Wohlbefinden fördern. Dies ist gerade in unserer Zeit sehr wichtig, in der wir so vielen schädlichen Einflüssen aus der Umwelt, der Nahrung, dem Trinkwasser ausgesetzt sind.

Gegen viele dieser oft schädlichen Einflüsse können wir uns nicht wehren. Wir können jedoch unserem Körper helfen, indem wir ihm die biologisch richtigen Stoffe zuführen. So halten wir ihn in dem normalen Zustand - Wohlbefinden und Gesundheit - bzw. stellen ihn wieder her.

Kombucha hilft Ihrem Körper, sich zu heilen

Die Wirkfaktoren dürften unter die ursprünglichen Naturfaktoren einzuordnen sein, die dem Organismus innewohnenden Ordnungs- und Heilkräfte aktivieren und unterstützen. Mit Kombucha zielen wir auf eine aktive Beteiligung und Nutzung der dem Organismus eigenen Fähigkeiten zur Regulation und Kompensation, zur Anpassung, Regeneration und Abwehr giftiger Umwelteinflüsse ab. Diese Art Regulationstherapie soll – im Gegensatz zur pharmakologischen Korrektur – funktionelle Abweichungen normalisieren, indem sie den Körper zu inneren Selbstordnungsleistungen anregt.

Das Ziel ist die Stärkung der unvorstellbaren Heilkräfte Ihres Körpers durch natürliche Verbindungen, die Ihr Körper zum Funktionieren braucht

Jeder Mensch hat seine schwachen Stellen, an denen sich bei übermäßigem Streß, unausgeglichener Ernährung und hektischem Lebensstil Krankheiten und Beschwerden manifestieren. Bei manchen ist es die Haut, die Gelenke, bei anderen der Magen, die Leber, die Nieren. Wenn Kombucha hilft, den Körper von Giftstoffen zu reinigen, ihn zu stärken und die Harmonie und das Wohlbefinden wieder herzustellen, dann kann jeder Mensch individuell erleben, wie sich lästige Symptome bessern oder gar verschwinden. Das ist die Erklärung für die lange Liste der Symptome, die Kombucha offensichtlich gebessert hat.

„Seit Jahren setze ich mich vehement dafür ein: Gebt eurem Körper die Möglichkeit, sich selbst zu verteidigen. Helft ihm, damit er sich selber helfen kann. (...) In Kombucha finde ich einen Kampfgenossen. Von ganzheitlicher Heilkraft". Pfarrer Hermann-Josef Weidinger[26]

Das biologische lebendige Gärgetränk ist kein Zaubertrank, um 100 Jahre alt zu werden. Jedoch: Kombucha kann durch die Aktivierung des körpereigenen Immunsystems und der Selbstheilungskräfte dazu beitragen, Gesundheit, Fitneß, Aktivität und Wohlbefinden zu regenerieren und zu stabilisieren. Kombucha ist ein hervorragendes Diätetikum zur Unterstützung jeder biologischen Therapie und zur wirksamen vorbeugenden Gesundheitspflege gegen das Entstehen von Krankheiten und Schwächen. Dieses lebendige Fermentationsgetränk wird deshalb nicht nur von Menschen mit Krankheiten und Fehlfunktionen getrunken, sondern vorsorglich als Lebensmittel verwendet, als Mittel zum Leben, das den Körper in Balance hält.

Unser Körper setzt sich aus Millionen von Zellen zusammen. Alle diese Zellen sind geschaffen, um zu leben. Jede Zelle hat einen Lebenswillen und wird alles tun, damit sie am Leben bleibt. Nur der Organismus

selbst kann eine Krankheit bekämpfen. Die Kunst besteht darin, die Abwehrkräfte zu stärken. **Geben Sie jeder Zelle, was sie braucht und sie wird machen, wozu sie da ist: leben.**

Heilung ist ein biologischer Vorgang. Nur der Körper selbst kann sich heilen. Kombucha ist dabei einer der wirksamsten Helfer. Es ist ein natürliches Produkt, die von den starken Mikroorganismen des Kombucha-Teepilzes erzeugt wird. Wenn Sie eine dynamische Gesundheit erstreben, ist es Ihre Pflicht, alles in Ihrer Macht stehende zu tun, damit Ihr Körper einwandfrei arbeitet.

Kombucha reicht Ihrem Körper kostbare Substanzen voller Lebenskraft dar, die er benötigt, um schwungvoll und dynamisch zu arbeiten. Viele dieser nützlichen Inhaltsstoffe dienen der Entgiftung. Das ist in unserer Zeit besonders wichtig. Trotzdem: **Kombucha ist kein Heilmittel, sondern es hilft unserem wunderbaren menschlichen Organismus nur, sich selbst zu heilen. Kombucha kann die Heilung nicht „machen", sondern nur dabei helfen, die Schwierigkeiten aus dem Weg zu räumen, die eine Heilung blockieren.** Das ist es, nicht mehr, aber auch nicht weniger.

Das ist das Kombucha-Prinzip:

- Kombucha unterstützt das Verdauungssystem und
- Kombucha hilft bei der Entgiftung des Körpers.
- Wenn der Körper entgiftet ist, dann kann er sich selbst heilen.

Bauen Sie eine Partnerschaft mit Ihrem Körper auf und warten Sie nicht, bis es zu einer Krise kommt. Ihr Körper weiß wirklich am besten, was er für sich selbst tun muß. Alles, was Sie tun müssen, ist sicherzustellen, daß Sie ihm all die Dinge geben, die er zu seinem optimalen Funktionieren braucht.

Kombucha ist gut für Gesunde und Kranke

Zeitschriftenartikel sind oft sensationell. Und auch im Internet finden Sie viele Beiträge, die Kombucha als alles kurierendes Wundermittel hochjubeln. Es ist unangemessen und irreführend, Kombucha als Zaubertrank zu mystifizieren. Heilungsversprechungen für alle Arten von Krankheit sind unseriös und bringen dieses Naturprodukt in ein völlig falsches Licht.

Was in den am Ende dieses Buchs aufgeführten Berichten wie ein Wunder erscheinen mag, ist nichts anderes, als daß der Mensch seinem Körper die richtigen Nahrungsmittel zugeführt hat. Das ist die glaubwürdige Ursache, weshalb Menschen berichten, daß sie bei Arthritis, Ekzemen, Bluthochdruck, Verdauungsbeschwerden, um nur ein paar Beschwerden zu nennen, Hilfe erfahren haben. Das Geheimnis ist: Geben Sie Ihrem Körper Zeit und unterstützen sie ihn dabei, sich selbst zu heilen.

Der Placeboeffekt erklärt die von vielen Menschen berichteten Wirkungen für ihre Gesundheit nicht. Wären die Wirkungen nur auf das „Daran-glauben“ zurückzuführen, so würde Kombucha nicht bei Kleinkindern und Tieren funktionieren. Das tut es aber.

Medicus curat, natura sanat.
Der Arzt kuriert, die Natur heilt.

Chinesische Medizin: Statt Krieg gegen die Krankheit Stärkung des Organismus

Der griechische Arzt Hippokrates von Kos, der um 460 vor Christi Geburt lebte, wird als „Vater der Heilkunde", als der Begründer der modernen Naturwissenschaft und der wissenschaftlichen, auf Vernunft und Erfahrung beruhenden Medizin angesehen, in der die Heilmittel aus der Natur einen wesentlichen Platz einnehmen. Von ihm stammt der Rat: ***„Eure Nahrungsmittel sollen Heilmittel und Eure Heilmittel Nahrungsmittel sein."***

Obwohl es auch in China, dem vermuteten Ursprungsland von Kombucha, seit jeher verschiedene Strömungen gibt, finden wir den von Hippokrates propagierten Rat in der Einstellung des Chinesen wieder: Der chinesische Kranke liefert sich nicht sofort dem Medizinsystem aus. Statt dessen greift er zuerst zur Eigentherapie, und zwar zuallererst mit diätetischen Maßnahmen. Die Grenze zwischen Nahrungs- und Heilmitteln ist in China oft fließend. Man bekämpft in vorderster Front nicht nur die krankmachenden Einflüsse, sondern versucht, die Abwehrkräfte des Körpers zu stärken.[27]

Die chinesische Medizin ist ein ganzheitliches Diagnose- und Therapiesystem. Für den chinesischen Arzt ist Krankheit nicht die Wirkung einer bestimmten Ursache, sondern ein die gesamte Persönlichkeit durchziehendes Muster der Disharmonie. Die Chinesen betrachten den Menschen als selbstverständliche Einheit von Körper, Seele und Geist. Sie werden niemals versuchen, grundsätzliche Fehler in der Lebensführung durch ein Präparat auszugeglichen, auch wenn es noch so viele wirklich positive Eigenschaften hat, weil damit das Kernproblem nicht angeschnitten wird, nämlich eine Umkehr von disharmonischer Lebensweise. Kombucha ist kein Freibrief für ungesunde Lebensweise.
Die chinesische Medizin wird deshalb Kombucha nicht als Allein-Universal-Heilmittel einsetzen, sondern mit anderen Handlungen verbinden, die das Wohlbefinden und die Lebenskraft fördern, z.B. Ernährungsumstellung, Bereinigung von Konflikten (die oft Krankheiten verursachen). Die Chinesen machen z.B. Akupunktur nie für sich allein, sondern eingebettet in andere Maßnahmen, die der harmonischen Ordnung der Welt und des menschlichen Lebens dienen.

Gesundheit als Harmonisierung

Insofern entspricht der Kombuchatrank guter alter chinesischer Tradition. Kombucha ist sowohl ein Stück Heilkunde als auch Ernährungswissenschaft. Zwar ist das letzte Geheimnis des von dem sogenannten Wunderpilz produzierten Getränks noch nicht ergründet und es läßt sich erst nach und nach nachweisen, was in der Volksheilkunde seit jeher behauptet wird: Das Kombuchagetränk ist eine der natürlichsten Heilquellen - dabei völlig frei von unerwünschten Nebenwirkungen. Die einzige Nebenwirkung ist: Man fühlt sich wohl. Mit Kombucha hat uns die Natur ein Mittel in die Hand gegeben, das ohne chemische Aufbereitung helfen und gesundheitlich unterstützen kann.

Wer dies berücksichtigt, der kann Kombucha als Hausmittel und Lebensmittel einsetzen, welches mit Sicherheit gesundheitsförderliche Eigenschaften hat. Es gehört zu den kraftvollen, echten Lebensmitteln, die dazu beitragen, unsere zur Erhaltung und Wiederherstellung der Gesundheit erforderliche Abwehrkraft zu stabilisieren und mit dem zu versorgen, was sie zu einer optimalen Funktion benötigt. Kombucha kann die Körperkräfte moderner Menschen im Gleichgewicht halten und zu unserem Wohlbefinden beitragen, zur dynamischen Harmonie der äußeren und inneren Natur.

Kombucha ist ein hochpotentes biologisches Lebensmittel, das keine unerwünschten Nebenwirkungen und Unverträglichkeiten verursacht. Es fördert die Abwehrkräfte des Organismus und setzt körpereigene Heilprozesse in Gang.

KAPITEL 5

Was kann Kombucha für Sie persönlich tun?

So wird Kombucha traditionell angewandt

Obwohl Kombucha nicht bei allen Menschen gleich wirkt, werden dem Getränk traditionell eine ganze Anzahl von Wohltaten zugeschrieben:

- Kombucha hebt das allgemeine Wohlbefinden
- Kombucha steigert die Energie (davon berichten fast alle Kombuchafreunde) und regt die Lebensgeister an
- Kombucha hebt sportliche Leistungen und wirkt einem Muskelkater entgegen
- bewirkt Entgiftung, Entschlackung und Zellstärkung
- hat einen günstigen Einfluß auf die Zusammensetzung der Darmbakterien und des Darmmilieus (hilft eine gesunde Darmflora aufzubauen) und wird erfolgreich bei Darmbeschwerden (gastrointestinale Erkrankungen) eingesetzt.
- vermindert die Fäulnis- und Gasbildung
- stärkt die Abwehrkräfte (Immunabwehr)
- kurbelt den Stoffwechsel an, harmonisiert den Stoffwechsel und entlastet den Verdauungsapparat
- entlastet die Leber und regt ihre Funktionen an
- harmonisiert das Säure-Basen-Gleichgewicht
- lindert rheumatische Beschwerden
- regt die Darmtätigkeit an
- ist hilfreich bei Migräne
- hat antibiotische Wirkung
- senkt erhöhte Triglycerid- und Cholesteringehalte im Blut
- normalisiert erhöhten Blutdruck
- ist dienlich bei entzündlichen Prozessen, bekämpft Entzündungen im Mund- und Rachenraum und im Darm
- gute Wirkungen werden auch von manchen Menschen berichtet, deren Laborwerte unauffällig sind, obwohl sie sich selber keineswegs gesund fühlen, also psychosomatische Störungen.

Der Stoffwechsel wird angekurbelt

Kombucha steht im Ruf, die zur Erhaltung und Wiederherstellung der Gesundheit erforderliche Abwehrkraft zu stabilisieren und zum Wohlbefinden beizutragen. Wer den Tee regelmäßig trinkt, bei dem verbessern sich offensichtlich die Stoffwechselwerte: Die Harnsäure und die Blutfette gehen zurück. Wenn dann der Stoffwechsel wieder besser funktioniert, werden die Kristallsalze aufgelöst, Gelenkbeschwerden, Rheuma und Arthritis lassen nach. Auch die Verdauung funktioniert besser, weil die Gallensäfte flüssiger werden und die Leber ihre Funktion wieder besser erfüllen kann.

Kombucha befreit von gefährlichen Schlacken

Giftstoffe, Schlacken sind die Ursache der meisten Störungen im menschlichen Körper. Beim Stoffwechsel bilden sich Zwischen- und Abbauprodukte, die sich im Körper ablagern können. Sowohl bei Zersetzungsprozessen von tierischem Eiweiß als auch bei Gärungsprozessen entstehen Fäulnisstoffe wie Indol, Phenol, Kresol, Skatol und biogene Amine, ebenso Gärungsprodukte wie Methanol, Butanol und Propanol, sogenannte Fuselöle.[28] Diesen Stoffen werden zellschädigende (zytotoxisch), leberschädigende (hepatoxisch), den blutbildenden Apparat schädigende (hämatoxisch) und krebsauslösende (kanzerogen) Wirkungen zugeschrieben.

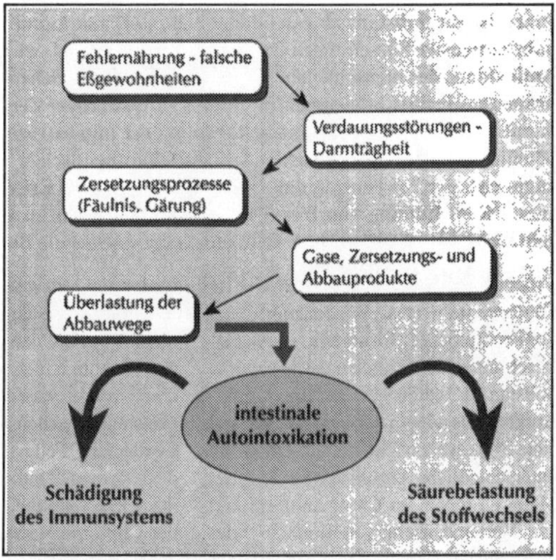

Die beste Diät nützt nichts, wenn der Darm nicht funktioniert. Schaubild mit freundlicher Genehmigung übernommen aus Praxis-Telegramm 5/97 [29]

Die entstehenden schädlichen Stoffe (Toxine) werden durch die Darmwand resorbiert und gelangen in die Leber. Dort sollten sie eigentlich entgiftet werden. Frau Dr. Daniela Birkelbach[30] schreibt: „Da bei ständiger Fehlernährung die Leber jedoch selbst überlastet ist, wird ein Großteil der Giftstoffe (Noxen) in den Darm zurückresorbiert, wodurch es zur Selbstvergiftung aus dem Darm, zur intestinalen Autointoxikation, kommt. Bis in die kleinsten Blutgefäße und die Bindegewebssubstanz werden die durch unzureichende Verstoffwechselung anfallenden Toxine eingelagert und gespeichert. Die Verschlackung des Grundgewebes geht mit einer Säurebelastung des gesamten Stoffwechsels einher. Und - um den Kreis zu schließen - diese Übersäuerung wiederum ist der Anfang stoffwechselbedingter Gelenk-, Sehnen- und Bandscheibenleiden."

Die genannten Toxine, also Gifte und Schlacken, verursachen langdauernde Störungen. Vor allem das Immunsystem des Darmes wird durch die innere Selbstvergiftung (intestinale Autointoxikation) oft entscheidend geschädigt. Wenn diese Stoffe in großer Menge anfallen, können

Schäden an den zellulären Strukturen entstehen. Das biochemische System unseres Körpers funktioniert nicht mehr störungsfrei.

Viele Menschen haben nicht genügend Lebenskraft, um den Ausscheidungsorganen die Energie zu liefern, die sie brauchen, um normale Abfallprodukte zu entsorgen. Die Schlacken werden nicht aus dem Körper hinausgespült. Sie lagern sich in den Gelenken und den Organen ab. Es entstehen Beschwerden verschiedenster Art.

Das Gift im Darm wird weggeschwemmt

Schon der weise griechische Arzt Hippokrates, der vor 2500 Jahren auf der Ägäis-Insel Kos ein Sanatorium leitete, sagte: **„Der Tod sitzt im Darm“.** Diese Auffassung teilen heute die meisten Mediziner. Denn im Darm spielen sich lebenswichtige Stoffwechselvorgänge ab. Diese werden jedoch nur mit Hilfe einer gesunden Darmflora möglich. Bestimmte Medikamente, beispielsweise Antibiotika, können die Darmbesiedlung schlagartig vernichten. Naturärzte gehen davon aus, daß bei einer gestörten Darmflora Giftstoffe im Darm zurückbehalten und in den Kreislauf eingeschleust werden. Dort lösen sie dann die verschiedensten Krankheiten aus.

An irgendeiner Schwachstelle im Organismus kommt es dann zur Erkrankung. Hier ist das Angriffsfeld für Kombucha. Der Teepilz stabilisiert die Darmflora und leitet so den Heilungsprozeß ein.

Wenn Sie sich nicht wohl fühlen, Ihnen die Energie für die Belastungen des Alltags fehlt - dann ist es an der Zeit, daß sie sich der giftigen Schlacken entledigen, mit denen Ihre Ausscheidungsorgane offensichtlich alleine nicht fertig werden.

Denken Sie daran: Die Ausscheidungsorgane Darm, Lunge, Haut und Nieren sind Ihre treuen Diener. Sie arbeiten Tag und Nacht für Sie. Oft brauchen diese Organe Hilfe und Unterstützung. Kombucha kann eine solche Hilfe sein.

Bedenken Sie aber auch: Es hat lange gedauert, bis sich in Ihrem Körper Giftstoffe angesammelt haben. Also dauert es auch eine gewisse Zeit, bis sie Ihr Körper wieder ausgeschieden hat. Tun Sie etwas für Ihren Körper - aber haben Sie etwas Geduld.

Das Säure-Basen-Gleichgewicht wird auf Vordermann gebracht

Es gibt eine Reihe Erklärungsversuche für die bislang empirisch beobachteten Wirkungen von Kombucha. Das Kombuchagetränk hat großen Einfluß auf die krankmachenden Endobionten[31] (nach Prof. Dr. Günther Enderlein[32]), die bei einem veränderten Blutsäuregrad die roten Blutkörperchen „ausschalten". Durch äußere Faktoren mit Vermehrung der Endobionten kann ein Prozeß zustande kommen, durch den krankheitsfördernd das Symbiosegleichgewicht gestört wird. Ursächlich dafür ist in erster Linie eine unbiologische Ernährungs- und Lebensweise mit milieuschädigender Störung des Säure-Basen-Gleichgewichts im Körper. Daraus resultieren Krankheiten in vielfältigen Erscheinungen. Diese werden leider immer noch vorwiegend symptomatisch-lokalistisch behandelt, ohne wirklich kausale Harmonisierung des gestörten Stoffwechselgeschehens. Kombucha stellt die Säure-Basen-Harmonie wieder her und kann so das gestörte Regelgleichgewicht wieder erzeugen.

Das Säure-Basen-Gleichgewicht ist wichtig für einen gut funktionierenden Körper. Unsere moderne Ernährung mit viel Tiereiweiß und wenig Vitalstoffen übersäuert unseren Körper. Das kann zu schädlichen Ablagerungen im Gewebe und zur Entmineralisierung führen. Eine basenbildende Ernährung dagegen fördert den Abtransport der abgelagerten Schlacken und trägt zu einer positiven Stimmungslage bei. Zu den basenbildenden Lebensmitteln zählen Frischkost aller Art, schonend gegartes Gemüse und viele fermentierte Lebensmittel. Auch Kombucha gehört dazu.

Das innere Milieu ist alles

Dr. G.E. Schuitemaker[33] schreibt in einem Beitrag über Kombucha, daß bei vielen Menschen durch übermäßigen Einsatz von Antibiotika und falsche Ernährungsgewohnheiten das interne Milieu in erheblichem Umfang geschädigt ist und fährt fort: „Aus der Beeinträchtigung des internen Milieus fließen Krankheiten fort, bei denen insbesondere das Immunsystem auf eine harte Probe gestellt wird. Aus diesem Grunde ist es für den Arzt unumgänglich, das Immunsystem wieder zu stärken." Dr. Schuitemaker erwähnt, daß die Polysaccharide in Kombucha einen positiven Effekt ausüben, indem sie die Makrophagen und die T-

Helfer-Zellen beeinflussen. Diese sind wichtige Kämpfer in der Immunabwehr-Armee.

Kombucha reguliert und harmonisiert das interne Milieu, das Selbstheilungspotential, diesen mächtigen inneren Verbündeten. Unser Körper lebt mit ungebetenen Gästen, Krankheitserregern, in friedlicher Koexistenz - solange - und das ist entscheidend - seine Widerstandskraft nicht geschwächt ist. Werden wir krank, so ist das nicht ein Zeichen dafür, daß wir einen neuen Krankheitserreger eingefangen haben, sondern daß wir unsere Widerstandskraft verloren haben. Wie kommt es dazu?

Claude Bernard, der Vater der experimentellen Medizin, führte mit Pasteur eine lebenslange Auseinandersetzung. Bernard war der Meinung: Nicht der Keim spielt bei der Krankheitsentstehung die wichtige Rolle, sondern die Widerstandskraft des Körpers, das Milieu, das der angreifende Keim vorfindet. Das Milieu war für Bernard vom körperlichen und seelischen Zustand eines Menschen abhängig.

Pasteur, für den allein die Erreger zählten, lehnte dies vehement ab. Erst auf dem Sterbebett, so wird berichtet, sah Pasteur seinen Irrtum ein: „Bernard hatte recht. Der Keim ist nichts, das Milieu ist alles."

Die Stunde für Krankheitserreger ist dann gekommen, wenn das Milieu, das Terrain geschwächt ist. Die Selbstverantwortung muß im Mittelpunkt aller Gesundheitsstrategien stehen.

Unser Körper verfügt über ein ausgeklügeltes Heilungssystem. Das Immunsystem ist aber bei weitem nicht autonom. Es ist eng mit anderen Körpersystemen vernetzt und wird - Bernard hatte recht - vom Milieu beeinflußt, in dem wir leben. Hier ist Kombucha unserer Verbündeter: Kombucha reguliert unser internes Milieu.

Schaut der Natur das Geheimnis ab, wie sie es schafft,
selbstregulierende Systeme zu konstruieren, die überlebensfähig sind.
Wer das Wirtschaften von der Natur lernt, kann nicht Pleite machen.
Frederic Vester

KAPITEL 6

Die Inhaltsstoffe des Kombuchagetränks und ihre Wirkung

Das Ganze ist mehr als die Summe seiner Teile

Kombucha enthält gesundheitsförderliche Stoffe harmonisch zusammengefaßt. Die günstige Wirkung auf die Stoffwechseltätigkeit des Menschen, auf sein Wohlbefinden und auf die unterstützende und fördernde Wirkung bei Genesungsprozessen ist auf die Fülle biologischer Komponenten zurückzuführen. Die positive Wirkung wird nicht so sehr von dem absoluten Gehalt einzelner Wirkstoffe, sondern vielmehr über ihr ausgewogenes Verhältnis zueinander erklärt. Das erkannte schon Dr. Wiechowski[34] bei seinen Versuchen. Er hielt ursprünglich das Bacterium Gluconikum und seine Stoffwechselprodukte für das therapeutisch Wertvolle des Kombuchagetränks und hatte deshalb für die klinische Erprobung Kontrollversuche mit reiner aus den Kombuchakulturen gewonnener Gluconsäure angestellt. Das Ergebnis war nicht zufriedenstellend. Das brachte ihn schließlich zu der Einsicht, „daß möglicherweise die Gesamtheit der vorhandenen Keime und die Summe ihrer Stoffwechselprodukte das therapeutische Agens (das wirkende Mittel) darstellen müssen."[35]

Der Umstimmungseffekt im Gesamtorganismus

Auch die Pflanzenheilkunde, die Phytotherapie, kennt solche typischen, von Wiechowski auch bei Kombucha vermuteten, Wechselwirkungen der Summe von Stoffen einer Pflanze, die in ihrer Funktionsweise harmonisch miteinander verflochten sind. Die Ganzheit Pflanze wirkt anders als die aus der Pflanze isolierten einzelnen Inhaltsstoffe.

Zur Verdeutlichung: Wenn ein isolierter Reinstoff verabreicht und eine bestimmte Wirkung erzielt wird, dann weiß man: Es muß an diesem Wirkstoff liegen. Verabreicht man aber ein solch vielschichtiges Getränk wie Kombucha, so bleibt offen, worauf seine Wirkung letztendlich beruht. Es können die einzelnen Wirkstoffe sein, deren Komponenten oder bislang noch ungeklärte Wirkungsmechanismen.

Wir sind weit davon entfernt, das Funktionieren so verwickelter Systeme und Wirkstoffe, wie wir sie bei der dazu noch unterschiedlichen Zusammensetzung der Kombucha vorfinden, zu verstehen. Wir kennen Teilaspekte, aber nicht annähernd den ganzen Komplex der Stoffwechselvorgänge und der Auswirkungen auf den menschlichen Organismus. Wir sehen, was wir einbringen. Wir sehen eventuelle Wirkungen. Von dem, was dazwischen vor sich geht, ist uns noch vieles verborgen.

> Viele positive Wirkungen können mit den Inhaltsstoffen teilweise erklärt werden. Die ganzheitliche Wirkung für den Menschen ist jedoch noch nicht vollauf geklärt. „Das Ganze ist mehr als die Summe seiner Teile“, sagte der griechische Philosoph Aristoteles. Auch Kombucha ist mehr als die Summe seiner bisher gefundenen Inhaltsstoffe.

Ein Lebensmittel, ein Mittel zum Leben

> Kombucha ist ein Lebensmittel. Aber welches Lebensmittel kann sich schon rühmen, in solch vielfältiger Weise zu unserem Wohlergehen beizutragen? Kein Wunder, daß Kombucha von manchen begeisterten Menschen auch als „Überlebensmittel“ tituliert wird.

Bis wissenschaftliche Ergebnisse vorliegen, bleibt es bei dem Gebrauch dieses Naturprodukts in der Laienwelt und in der Volksmedizin, die auf Vertrauen, Tradition und Empfehlung oder eigener Erfahrung beruht. Therapieerfolge sind erfahrungsmedizinisch zu bewerten. Der objektive Heilkundige wird sicher rasch erkennen, daß mit Kombucha ein biologisches Lebensmittel zur Verfügung steht, das ohne Nebenwirkungen, Unverträglichkeitsrisiken und ohne Gegenanzeigen positiv auf das Wohlbefinden der Menschen auswirkt.

In der Wissenschaft gleichen wir alle nur den Kindern,
die am Rande des Wissens hie und da einen Kiesel aufheben,
während sich der weite Ozean vor unseren Augen erstreckt.
Isaac Newton

Die Kombucha-Bestandteile im allgemeinen

Der Kombucha-Teepilz und das von ihm produzierte Getränk wurden von vielen Forschern in mykologischer und chemischer Hinsicht untersucht. Es fällt eine reiche Vielfalt der gefundenen Inhaltsstoffe auf. Frau Dr. Veronika Carstens (1987) schreibt[36]:

„Kombucha produziert verschiedene Stoffwechselprodukte. Unter diesen werden vor allem Vitamine, Milchsäure und Glucuronsäure als wirksam angesehen. Die Kombucha entgiftet den Organismus und fördert den Stoffwechsel; dadurch verbessert sich die Abwehrleistung." Die von Frau Dr. Carstens genannten Bestandteile werden heute als hauptsächlich wirksame Produkte der Kombucha angesehen. Sie sind jedoch nicht die einzigen in dem Getränk enthaltenen Wirkstoffe.

Bisher festgestellte Inhaltsstoffe:

- **Glucuronsäure**, wissenschaftlich anerkanntes Entgiftungsmittel. Die Glucuronsäure verbindet sich mit Schlacken und Körpergiften und baut sie mit dem Urin und dem Lymphsystem ab
- **Milchsäure**[37], fördert eine gesunde Darmflora
- **Essigsäure**, regt den Stoffwechsel an

- Wertvolle **Milchsäurebakterien** (Lactobazillen), die die Darmflora fördern, regenerieren und stabilisieren und damit die körpereigenen Abwehrkräfte unterstützen

- **Vitale Hefen**, eine Wohltat für den Darm. Der Gehalt an lebenden Hefen ist sehr groß: Etwa 10 Millionen pro Milliliter Kombucha! Die lebenskräftigen Hefen stärken das Immunsystem und tragen zu einer reinen Haut bei

- **Enzyme**, die die Körperfunktionen ankurbeln, wichtig für den Energiestoffwechsel und die Verdauung. Sie helfen bei der Aufspaltung der Nahrung und verbessern die Darmfunktion. Es wurden die Enzyme Invertase (Hydrolyse von Saccharose), Amylase (Hydrolyse von Stärke), Katalase, Saccharase, Labenzym und ein proteolytisches Enzym (Auflösung von Fibrin und Ovalbumin) gefunden.

- **Vitamine B1** (Thiamin, reguliert den Kohlenhydrat- und Fettstoffwechsel) B_2 (Riboflavin, steuert Atmungs- und Sehvorgänge), B_3, B_6 (Pyridoxin, Eiweißstoffwechsel und Enzymfunktionen) und B_{12} (Cobalamin, Blutbildung) für das Nervensystem. Untersuchungen haben ergeben, daß das Kombuchagetränk einen hohen Anteil an B-Vitaminen hat[38]

- **Folsäure** für die Körperzellen

- **Vitamin C**, Antioxidationsmittel, steigert die Immunabwehr und Leistungsfähigkeit

- **Vitamine D** und K für Knochen und Haut

- **Eisen** (Blutbildung), Natrium, Mangan, Magnesium, Kalium, Kalzium, Kupfer, Zink (Zellstoffwechsel)

- **Antibiotische Stoffe**

- **Verschiedene andere organische Säuren**: 14 verschiedene Aminosäuren[39], Gluconsäure[40], Kohlensäure (gibt dem Getränk seinen erfrischenden, belebenden Geschmack), Weinsäure, Spuren von Apfelsäure, Oxalsäure, Bernsteinsäure, Zitronensäure, Malonsäure, Gerbstoffe

Es kommt sicher weniger auf den genauen Gehalt der einzelnen Bestandteile an, sondern auf das harmonische Zusammenspiel der Inhaltsstoffe, die wie ein Orchester nur als ganzes ihre volle Wirkung entfalten können. Trotzdem möchte ich versuchen, die Wirkungsweise einzelner Inhaltsstoffe zu erläutern.

Die Glucuronsäure und die Gluconsäure

Der Kombuchapilz produziert die gleiche Substanz, die auch in unserer Leber für die Giftstoffausleitung produziert wird: Die Glucuronsäure. Dazu in Kürze:

Die Glucuronsäure

- bindet in der Leber die köpereigenen Stoffwechselgifte und
- die körperfremden Umweltgifte und leitet sie über Darm und Harn aus
- aktiviert die im Gewebe ruhenden Fresszellen (Makrophagen), die dann dem Organismus in größerer Zahl bei der Aufnahme von körpereigenen und körperfremden Giften zur Verfügung stehen
- Die Glucuronsäure in gebundener Form ist ein Baustein von Polysacchariden:

– Hyaluronsäure - Grundsubstanz Bindegewebe
– Chondrotinsulfat - Grundsubstanz Knorpel
– Mykoitinsulfat - Baustein Magenschleimhaut
– Heparin

Bei Bazarewskis (1915) Versuchen mit dem Kombucha-Teepilz war bereits deutlich Glucuronsäure ($C_6H_{10}O_7$) bemerkbar. Außerdem wird Gluconsäure ($C_6H_{12}O_7$) gebildet. Sowohl Glucuronsäure als auch Gluconsäure entstehen in komplizierten biochemischen Vorgängen durch Oxidation des Traubenzuckers. Beide Säuren werden, ähnlich wie im Stoffwechsel der Kombuchakomponenten, auch im menschlichen Organismus gebildet.

Hans Irion, damaliger Direktor der Staatlich anerkannten Drogisten-Akademie in Braunschweig erwähnt in seinem „Lehrbuch für Drogistenfachschulen" vor allem die Gluconsäure und die Vitamine als besonders wirksame Produkte des Teepilzes, die eine auffallende Belebung des gesamten Drüsensystems des Körpers und eine Förderung des Stoffwechsels bewirken. Auch Arauner (1928) äußert, daß als besondere Merkwürdigkeit die Gluconsäure auftrete, „welcher neben Milchsäure wohl hauptsächlich die günstige Wirkung bei Gefäßverkalkung bei alternden Leuten zugeschrieben werden darf."[41]

Die wichtigste in Kombucha enthaltene Säure ist mit Sicherheit die Glucuronsäure. Glucuronsäure hat eine Entgiftungsfunktion. Durch Reaktion (Konjugation) mit Glucuronsäure werden körpereigene (z.B. im Dünndarm bei gesteigerten Fäulnisvorgängen vermehrt auftretende Phenole) und körperfremde Substanzen (z.B. Pharmaka) wasserlöslich gemacht und damit entgiftet und ausgeschieden.

Immer bedeutsamer wird heute die Frage der störenden Gifteinwirkungen von außen. Unser Immunsystem wird durch toxische Schwermetalle (Quecksilber, Blei, Cadmium) in seinen Funktionen nachhaltig geschädigt.

Haben die Menschen eine gesunde Leber? Nein!
Deshalb brauchen sie Kombucha

Die Glucuronsäure entsteht in hinreichendem Maße in der gesunden Leber. Sie bindet in der Leber körpereigene Stoffwechselgifte und in den Körper gelangte körperfremde Umweltgifte, die dann über die Galle in den Darm und über die Nieren in den Harn abgeführt werden. Von der Glucuronsäure gebundene Gifte können im Darm und im Harnsystem nicht wieder resorbiert werden. Somit leistet die Glucuronsäure eine außerordentlich wichtige Entgiftungsfunktion. Der gesunde Organismus kann sie in der Leber unter normalen Bedingungen ausreichend herstellen, so daß eine hinreichende Entgiftung im allgemeinen gewährleistet ist. Kritisch wird es in einer Umwelt mit übermäßig vielen Giften sowie in einem mit viel körpereigenen Stoffwechselgiften belasteten Körper. Die nach und nach immer mehr geschwächte Leber schafft es nicht mehr, hinreichend Glucuronsäure zu produzieren. Dadurch wird dann die Entstehung von Krebs und anderen Krankheiten begünstigt. Vor allem bricht das körpereigene Abwehrsystem (RES) zusammen.

Wenn die Leber ihre Entgiftungsleistung nicht bewältigen kann, droht die Gefahr einer Rückvergiftung des gesamten Organismus. In erster Linie werden wieder die Abwehrvorgänge in verhängnisvoller Weise beeinträchtigt.

Weitere wissenschaftliche und fundierte Einzelheiten (in englischer Sprache) zum Glucuronsäure-Zyklus finden Sie unter Norbert Hoffmanns Kombucha Internetseite: http://www.kombu.de/glucuron.htm

Glucuronsäure ist außerdem am Aufbau gewisser Polysaccharide und polysaccharidähnlicher Verbindungen beteiligt, zum Beispiel:

Hyaluronsäure, die in der Synovialflüssigkeit (Gelenkschmiere) vorkommt, wichtiger Bestandteil des Bindegewebes ist und sich im Glaskörper des Auges, in der Haut und in den Knochen findet. Sie macht bis zu 55 % der Grundsubstanz der Haut aus. Hyaluronsäure ist Kittsubstanz zwischen den Zellen, hat eine hohe Wasserbindungskapazität und fördert die Leistung der am Wundheilungsprozeß beteiligten Zellen. Sie beschleunigt die Zellerneuerung auf natürliche Weise und unterstützt dadurch den Reparaturmechanismus der Haut und des Unterhautbindegewebes.

Bei Insulinmangel ist die Synthese von Hyaluronsäure vermindert, ebenso durch Kortison. Daraus resultiert eine bessere Ausbreitungsmöglichkeit von Bakterien und eine schlechtere Wundheilung, z. B. bei Diabetikern.

Außerdem ist die Glucuronsäure beteiligt an dem Aufbau der **Chondoitinschwefelsäure**, die den Hauptbestandteil der Trockenmasse des Knorpelgewebes bildet. Die Glucuronsäure ist darüber hinaus ein Baustein der **Mukoitinschwefelsäure** (Magenschleimhaut, Glaskörper des Auges) und von **Heparin**.

So ist es nicht verwunderlich, daß Kombucha mit gutem Erfolg auch bei Bindegewebsschwächen, Arthrosen und Arthriden, Magenschleimhautschäden und Leiden des Augenglaskörpers angewandt wird. Auch bei Thrombosen und Thrombophlebitiden ist Kombucha hilfreich, ebenso bei allen Gebrechen, die auf Ablagerungen im Körper beruhen, wie Gicht und rheumatische Erkrankungen.

Die Erfahrungen des Arztes Dr. Valentin Köhler mit der Glucuronsäure

Der Arzt Dr. Valentin Köhler hatte 1961 in der Zeitschrift „Ärztliche Praxis" unter dem Titel „Glucuronsäure macht Krebspatienten Mut"[(42)] die Diskussion über den therapeutischen Einsatz von Glucuronsäure angeregt. Dr. Köhler berichtete damals über ermutigende Ergebnisse bei der Behandlung von Krebspatienten mit Glucuronsäure. Dr. Köhler berichtet von folgenden Therapieerfolgen: Stillstand der Metastasen und des Gewichtsverlustes, teilweise sogar Gewichtszunahme, Besserung des Allgemeinbefindens, ohne Bettlägerigkeit, Einschränkung des Verbrauchs an schmerzlindernden Mitteln und Abschwächung des Hustenreizes.

Die möglichst lange Einwirkung von Glucuronsäure vermag eine Zunahme der körpereigenen Abwehr und möglicherweise auch der Interferon-Produktion herbeizuführen. Die Entgiftungsfunktion der Glucuronsäure geht einher mit einer Besserung des Allgemeinbefindens und des oxidativen Stoffwechsels.

Harnuntersuchungen ergaben, daß nach Genuß des Kombuchagetränks bei Patienten, die noch niemals davor getrunken hatten, im Harn erhebliche Spuren von Umweltgiften (wie Blei, Quecksilber, Benzol, Cäsium etc.) enthalten waren: Eine Folge der Entgiftungsfunktion. Dabei war sichergestellt, daß das Getränk vollkommen frei von diesen Stoffen war.

Die Glucuronsäure heilt kranke Bäume

Überraschende Erfolge konnte Dr. Köhler auch bei der Behandlung kranker Bäume beobachten. Zur Lösung des Baumtod-Problems wurden an verschiedenen Instituten, so auch an der Universität München, wissenschaftliche Untersuchungen durchgeführt. In dem von Hans Kaegelmann herausgegebenen Buch „Sofortheilung des Waldes"[(43)] berichten die Drs. Valentin und Julian Köhler über die lebensschützende Funktion der Glucuronsäure in der Natur. Durch Verbindung mit Nährstoff-, Spuren- und Schwermetall-Ionen werden Aufbauprozesse ausgelöst bzw. beschleunigt. Die Fähigkeit der Glucuronsäure, Verbindungen mit Fremd- bzw. Eigen-Schadstoffen einzugehen, bewirkt einen Schutz für die pflanzliche Zelle. Mehr als 200 Stoffe können auf diese Weise unschädlich gemacht werden, auch solche, die im sauren und radioaktiven Regen enthalten sind sowie Schwefeldioxid, Nitrite, Ozon. Die der Glucuronsäure zukommende Schutzaktivität bewahrt nach Dr. Köhlers[44] Forschungen auch die Genetik der Pflanze vor Wachstumsstörung bzw. fördert deren Wiederherstellung im weiteren Wachstumsverlauf. So war in Versuchen mit Glucuronsäure sogar die Rückzüchtung von „hängenden Geranien" (sie wuchsen wieder hoch) und Trauerbirken (sie wuchsen wieder aufrecht) möglich: genetische Beeinflussung!

Glucuronsäure findet sich, wie im menschlichen Körper, in der Natur vor allem in Algen, Pilzen, Harzen, Gummi arabicum, auch in der Mistel, sowie in fast sämtlichen schleimigen Substanzen. Sie findet sich auch in der schleimigen, etwas gallertartigen Masse des Teepilzes und wird dem Organismus niederdosiert im Sinne einer Langzeittherapie durch den Kombuchatee zugeführt.

Hand-in-Hand-Gehen wissenschaftlicher Erkenntnisse mit der Volksmedizin

Die Erkenntnisse aus Dr. Köhlers Untersuchungen können auf alle menschlichen Zellen übertragen werden: Wenn die Ab- und Aufbauvorgänge im menschlichen Stoffwechsel durch das Zuführen geringdosierter Glucuronsäure, die im Kombuchagetränk enthalten ist, auf dem optimalen Niveau gehalten werden, so ist damit ein Zusammenschluß gefunden zwischen wissenschaftlichen Daten und einem Naturprodukt, das zur Zeit überwiegend noch in der Laienwelt bevorzugt wird. Hier zeigt sich eine Hilfsmöglichkeit für die durch Umweltschadstoffe mehr und mehr gefährdete Menschheit.

Durch Glucuronsäure werden die „Stör-Produkte" im menschlichen Körper zu Endprodukten abgebaut, ausgeschieden und damit unschädlich gemacht. Diese Entgiftungsfunktion der Glucuronsäure nützt dem vielseitigen Funktionieren der Zellen. Das zeigt sich dann bei vielen Menschen in einer Steigerung der körpereigenen Abwehrkraft gegenüber den von vielen Seiten auf uns einstürmenden Schadstoff- und Umweltbelastungen, einer Wiederbelebung der geschädigten Körperzellen und einer Wiederherstellung und Festigung des Wohlbefindens. Wenn viele Leute sagen, sie bekämpfen mit Kombucha nicht unbedingt irgendeine bestimmte Krankheit, sondern trinken das Getränk, damit ihr Wohlbefinden gewährleistet ist, so liegt hier ein Anknüpfungspunkt für ein Hand-in-Hand-Gehen wissenschaftlicher Erkenntnisse mit der Volksmedizin vor: Öko-Medizin.

Ständig anfallende Nebenprodukte bei der Energieumwandlung (sogenannte „Radikale oder „Peroxide") schädigen die lebendige Substanz unserer Zellen.

Kombucha produziert die gute rechtsdrehende Milchsäure

Milchsäure ist natürlicher Bestandteil des menschlichen Organismus, allerdings fast nur in ihrer stoffwechselaktiven, vollverwertbaren rechtsdrehenden L(+)-Form. Im Gegensatz dazu belastet die linksdrehende D(-)-Milchsäure den Organismus. Nach Warburg kommt diese linksdrehende Milchsäure besonders im Krebs vor. Ernährungsfachleute sagen deshalb, daß die rechtsdrehende Milchsäure viel gesünder ist. Auch die Weltgesundheitsorganisation bezeichnet die linksdrehende Milchsäure als körperfremde Substanz und empfiehlt, sie nur in kleinen Mengen zu konsumieren und in der Babykost ganz zu streichen. Interessant zur Förderung des menschlichen Wohlbefindens sind nur Produkte, deren rechtsdrehender Milchsäureanteil (bezogen auf den gesamten Milchsäuregehalt) weit über 50 Prozent beträgt.

Die rechtsdrehende L+-Milchsäure kommt im Gewebemilieu Krebskranker so gut wie niemals vor. Solange sie im Gewebe vorherrschend ist, kommt es nicht zur Entstehung von Krebs. Interessant ist hier noch, daß bei Krebskranken der pH-Wert von 7,56 überschritten wird. Organismen, die von Krebs frei sind (auch frei von Präcancerosen), weisen pH-Werte von unter 7,5 auf. Der Mangel an rechtsdrehender L+-Milchsäure in der Nahrung führt zu einem Versagen der Zellatmung, zum Zuckerabbau mit Gärung und zur Bildung von D-L-Milchsäure im Gewebe. Das sind Gemische beider Milchsäuren (L- und D+) in gleicher Menge, deren Drehrichtung sich gegenseitig aufheben. Sie heißen auch Razemate. Diese Razemate begünstigen bzw. ermöglichen gar erst die Entstehung von Krebs.

Reichlich Nahrung mit rechtsdrehender Milchsäure, manuelles Arbeiten, Muskeltraining, Sauna usw. ermöglichen neben der Schlackenausscheidung auch das Freiwerden dieser Milchsäure und regulieren damit den pH-Wert des Blutes nach unten, also in die saure Richtung. Messungen im Venenblut haben ergeben, daß das Kombucha-Getränk den pH-Wert des Blutes merklich in die saure Richtung verschiebt[45]. Hier ist anzumerken, daß sich die pH-Werte von Blut und Gewebe bzw. Urin gegenläufig verhalten.

Die Milchsäure, die durch Lebewesen entsteht, bei Kombucha also durch die Mikroorganismen, ist vorwiegend rechtsdrehend. Von der rechtsdrehenden Milchsäure schreibt Frau Dr. Veronika Carstens, sie solle die im Tumor gebildete toxisch wirkende linksdrehende Milchsäure entgiften und dadurch Regenerationsvorgänge im Körper einleiten. Dadurch können Regenerationsvorgänge im Körper wieder eingeleitet werden.[46]

Nützliche Bakterien für die Darmflora

Im Darm befinden sich normalerweise unglaublich viele Bakterien: Die Darmflora. Im Darmtrakt eines gesunden Menschen befinden sich ca. 150 verschiedene Gattungen und Arten von Mikroorganismen[47]. Umfangreiche Studien haben ergeben, daß die Zusammensetzung der Darmflora im wesentlichen von der zugeführten Nahrung abhängt. Änderungen der Ernährungsgewohnheiten bewirken kurz- oder langfristige Änderungen der Darmflora.

Umwelteinflüsse und manche Medikamente können die Darmflora schädigen

Ernährungsfehler, Infektionen, Antibiotika, immunsuppressive Chemotherapeutika, Ovulationshemmer, Cortison und Strahlen stören die Darmflora direkt oder indirekt über die Schwächung der Körperabwehr[48]. Umweltgifte, insbesondere Schwermetalle (Blei, Cadmium, Quecksilber) beeinträchtigen die Darmflora indirekt durch Schwächung der Körperabwehr und Störungen der Darmschleimhaut. Ebenso wirken Streßfaktoren und psychische Belastungen.

Bakterien verwerten Ballaststoffe

Die Darmflora lebt mit uns in Symbiose. Sowohl der Mensch als auch die Darmbakterien profitieren von ihrem Zusammenleben: Die Darmbakterien verdauen und vergären die für uns unverwertbaren Nahrungsbestandteile (wie etwa Stärke, Zellulose, Pektine und andere komplexe Kohlenhydrate) und gewinnen aus ihnen ihre Energie. Als Gegenleistung profitieren wir von unseren Untermietern. Sie bilden die erste Barriere gegen das Eindringen von unerwünschten Fremdlingen in das Körperinnere.

Die Milchsäurebakterien sorgen für ein freundliches, symbiontisches Milieu in unserem Darm. Die Symbiose, der gegenseitige Nutzen, besteht nicht nur darin, daß die genannten Bakterien einen Platz in unserem Darm einnehmen und gefährliche Arten fernhalten und so ihr eigenes Überleben sichern, sondern sie tragen auch zur Verdauung und zu vielen enzymatischen Prozessen bei.[49]

Bei der Verarbeitung der Kohlenhydrate und anderer Substanzen erweisen sich die Bakterien als erstaunlich vielseitig. Je nach Nahrungsangebot produzieren sie verschiedene Enzyme, mit denen sie die Kohlenhydrate abbauen. Aus den Kohlenhydraten entstehen im unteren Dünndarm durch Gärung Milchsäure, Propionsäure, Essigsäure und Kohlensäure. Die Säuren erfüllen eine nützliche Funktion: Sie erschweren Fäulniskeimen oder Pilzen die Ansiedlung und Vermehrung und sind zugleich wichtige Energiequellen der Dickdarmschleimhaut.

Eine gesunde Darmflora fördert das Wohlbefinden

Die Milchsäurebakterien bilden rechtsdrehende Milchsäure. Dadurch wird ein günstiges Darmmilieu und die physiologische Zusammensetzung der Darmflora gefördert.

Die Liste der den freundlichen Darmbakterien zugeschriebenen Gesundheitswirkungen scheint endlos. Es ist durchaus berechtigt, wenn führende Forscher behaupten, daß 80 % aller degenerativen Erkrankungen davon kommen, daß die Darmflora aus dem Gleichgewicht geraten ist[50]. Blähungen, Sodbrennen, Durchfälle, chronische Müdigkeit, Hefeinfektionen, Verstopfung und Milchunverträglichkeit - all das sind Signale einer gestörten Darmflora und ein Hilfeschrei nach den nützlichen, freundlichen Darmbakterien[51].

Bakterien produzieren lebenswichtige Substanzen

Außerdem werden von Darmbakterien die für den Organismus lebenswichtigen Stoffe wie Nikotinsäure, Folsäure, Vitamin H (Biotin), Vitamin B_{12} und Vitamin K produziert. Vitamin K ist für die Gerinnungsfähigkeit des Blutes wesentlich. Bei Biotinmangel (Vitamin H) kommt es zu Hautkrankheiten, Haarausfall, erhöhten Cholesterinwerten und Störungen des Zentralnervensystems. Eine Störung der Darmflora hat deshalb auch Auswirkungen auf andere Organe und erklärt so unterschiedliche Erkrankungen wie entzündliche-allergische Hautveränderungen, Haar- und Nagelwachsstörungen, Blutgerinnungsstörungen usw.

Schädliche Bakterien werden hinausgeekelt

Eine wesentliche Aufgabe der Darmflora liegt in der Abwehr pathogener (krankmachender) Bakterien. Sie bauen eine Barriere gegen Infektionen auf. Das Prinzip ist einfach: Die symbiontischen Darmbakterien lassen keinen Lebensraum für eindringende pathogene Bakterien. Schädliche Bakterien-Eindringlinge sind nur dann erfolgreich, wenn die normale Darmflora geschwächt ist, die Eindringlinge sehr aggressiv sind oder aber das Immunsystem des Darmes, das die normale Darmflora toleriert, beeinträchtigt ist.

Die Milchsäurebakterien stoppen Candida albicans

Wenn die Darmflora gestört ist, breitet sich häufig der Hefepilz Candida albicans aus. Dieser Pilz kommt fast immer in der Darmflora gesunder Menschen vor. Er wird dort aber durch die „freundlichen Bakterien“ in Schach gehalten. Gerät die Darmflora aus dem Gleichgewicht, so ergreift der Candida-Erreger die günstige Gelegenheit und vermehrt sich schnell. Jede größere Störung der Darmflora und jede Schwächung des Immunsystems führt heute mit einiger Wahrscheinlichkeit zur Entwicklung einer Besiedlung mit Candida albicans. Candida verursacht die verschiedensten Beschwerden, oft unerklärliche Symptome.

Die Laktobazillen sind in der Lage, Candida sowohl in Laborkulturen als auch im menschlichen Darm erheblich zu vermindern und zu stoppen.[52, 53] Der japanische Arzt Tsunesuke Tomoda gab Leukämie-Patienten, die aufgrund der Chemotherapie unter erheblichen Hefepilzbeschwerden litten, Bifidobakterien (ein Milchsäurebildner). Bei vielen Patienten ging dadurch die Hefepilzflora deutlich zurück, und sie waren weniger anfällig für Infektionen der Harn- und Atemwege durch den Pilz.[54]

Dieser Zusammenhang läßt uns verstehen, weshalb manche Menschen davon berichten, daß Kombucha ihnen geholfen hat, ihre Candida-Erkrankung in den Griff zu bekommen.

Im Darm muß es sauer sein

Im oberen Dünndarm sind noch kaum Bakterien anzutreffen. Durch die bakterientötende Salzsäure des Magens sind der Mageninhalt und der Inhalt des oberen Dünndarms fast ganz steril. Im unteren Dünndarm und im Dickdarm finden wir jedoch eine vielfältige Bakterienflora. Insbesondere der Dickdarm ist dicht mit Darmbakterien besiedelt.

Nützlich sind vor allem die darmeigenen säurebildenden Mikroorganismen, die die Barriere gegen eindringende Krankheitserreger bilden. Die Milchsäurebakterien besiedeln den mittleren und unteren Dünndarmabschnitt und säuern durch ihre Milchsäurebildung das Darmmileu leicht an. Im Gegensatz zu früheren Vorstellungen ist das Dünndarmmilieu daher auch nicht alkalisch, sondern schwach sauer[55]. Die saure Umgebung vermiest dann vielen Krankheitserregern ihren Lebensraum. Die in Kombucha vorhandenen lebenden Laktobazillen (Milchsäurebakterien) können glaubhaft dazu beitragen, daß die Darmflora regeneriert wird und wieder funktioniert.[56, 57]

Die probiotischen Milchsäurebakterien in Kombucha: Tausende lebender Zellen, voller Lebenskraft

Wußten Sie, daß es bei Lebensmitteln ein „probiotisches Prinzip“ gibt? „Probiotisch“ heißt frei übersetzt „für das Leben“. Probiotische Bakterien sind freundliche Bakterien, die zur Gesundheit und zum Gleichgewicht im Verdauungssystem beitragen, gegen Erkrankungen schützen und die Nahrungsverwertung verbessern.[58, 59]

Kombucha ist eines der ersten Lebensmittel mit probiotischen Kulturen, Tausende von lebenden Zellen, voller Lebenskraft. Die probiotischen Bakterien in Kombucha unterstützen die äußerst wichtige Darmflora und stärken damit generell die Abwehrkräfte.

Effekte von Probiotika

Gesicherte Wirkungen[60]:

- Förderung der Milchzuckerverwertung bei Laktoseintoleranz
- Geringere Häufigkeit und Dauer verschiedener Durchfallerkrankungen
- Reduzierung krebsfördernder Enzyme im Dickdarm
- Beeinflussung des Immunsystems

Diskutierte Wirkungen:

- Günstige Beeinflussung der Intestinalflora
- Hemmwirkung auf schädliche und unerwünschte Darmmikroorganismen
- Schutz vor Krebsentstehung (vor allem im Dickdarm)
- Behandlung der Obstipation
- Vorbeugung und Behandlung von vaginalen Pilzinfektionen
- Senkung des Blutcholesterinspiegels

Eine gesunde Darmflora schützt vor Selbstvergiftung

Eine gesunde Darmflora schützt vor Autointoxikation (Selbstvergiftung). Die gesunde Darmflora bildet eine natürliche Barriere gegen Fremdkeime und stimuliert das Immunsystem[62]. Durch die von den Darmbakterien produzierte Milchsäure werden schädliche Bakterien im Zaum gehalten. Wird das natürliche Gleichgewicht der Mikroflora im Darmbereich gestört, so ist die Schutzfunktion nicht mehr gewährleistet.[63]

Wieder eine gesunde Darmflora herstellen

Gefährlich wird es erst, wenn die Darmflora aus dem Gleichgewicht gerät. Die Wiederherstellung einer gesunden Darmflora mit physiologischen Darmkeimen steht hier im Vordergrund. Wissenschaftler konnten nachweisen, daß durch die Nahrung und Getränke dem Darm zugeführte Laktobazillen eine allgemeine Immunstimulation bewirken können.[64, 65, 66, 67]

Eine unabdingbare Voraussetzung für Gesundheit lautet: Sei nett zu Deinem Immunsystem

Werden die nützlichen Bakterien in der Nahrung und in Kombucha von dem sauren Magensaft abgetötet?

Die Säure des Magensaftes tötet zwar eine Vielzahl von Keimen ab, andere aber läßt sie durch. Man könnte sagen, daß sie eine positive Vorauswahl trifft, denn die „freundlichen" Darmbewohner wie Lactobacillus acidophilus und Lactobacillus casei werden von ihr nicht abgetötet. Je saurer der Magensaft, desto weniger Bakterien insgesamt befinden sich im Magen. Bei pH-Werten unter 3 findet man ausschließlich Laktobazillen und Hefen im Mageninhalt. Produziert der Magen aber aus irgendeinem Grund zuwenig Magensäure oder wird der Säuregrad durch andere Gründe gestört (z.B. durch die Einnahme von Präparaten, die die Magensäure herabsetzen), dann steigt die Keimzahl dramatisch. Das kann dann bedeuten, daß auch mehr schädliche Keime in Dünn- und Dickdarm gelangen.[68]

Die Hefen und Bakterien in Kombucha helfen den Darmbakterien auf die Sprünge

Ohne Zweifel regenerieren die Millionen lebenden Hefen und Bakterien und die Makromoleküle die Darmflora von Grund auf. Aus naturheilkundlicher Sicht ist dies eine der Vorbedingungen für die Kräftigung des körpereigenen Immunsystems. Wenn dieses Abwehrsystem richtig arbeitet, dann werden die Selbstheilungskräfte bei zahlreichen gesundheitlichen Befindensstörungen mobilisiert. Für den entgleisten Stoffwechsel und das gestörte Darmmilieu bewirkt Kombucha eine gründliche entgiftende und stoffwechselaktivierende Funktion im Körper des Kranken. Deshalb wird Kombucha traditionell erfolgreich bei vielen Krankheitsbildern eingesetzt, die auf Stoffwechselstörungen zurückzuführen sind.

Heilung von Akne mit Kombucha erklärt

Weil die Magensäure die Hefen nicht wie andere Mikroben schädigt, gelangen sie in den Darm und entfalten dort ihre Wirkung[69]. So verstehen wir, daß sich Erkrankungen der Haut (Akne) durch Einnahme von Hefepräparaten bessern. Dieser Mechanismus erklärt auch die in der Volksmedizin beschriebene „Hautreinigung" von Kombucha.

Fazit: Die Stabilisierung der physiologischen Darmflora, eine Ansäuerung des intestinalen Milieus, eine Steigerung der Immunabwehr und eine Förderung der Entgiftungs- und Ausscheidungsfunktion der Leber schützen den Organismus vor Autointoxikation (Selbstvergiftung).[70]

Enzyme - die Heinzelmännchen, die man überall findet, wo es Leben gibt

Ohne Enzyme gibt es kein Leben

So unentbehrlich Sauerteig für ein gutes Brot ist, so unentbehrlich sind die Enzyme für die gesamten Stoffwechselvorgänge in unserem Organismus. Ohne die Enzyme gäbe es kein Leben auf der Erde. In der Natur, im täglichen Leben oder gerade jetzt in Ihrem Körper laufen Tausende von chemischen Reaktionen ab. Viele dieser chemischen Reaktionen würden ohne die Enzyme sehr langsam oder gar nicht ablaufen. Die Enzyme bewirken, daß Reaktionen in unserem Körper mit erheblich weniger Energieaufwand vonstatten gehen. Die Enzyme fungieren als „Biokatalysatoren", das heißt sie arbeiten mit anderen biochemischen Reaktionen des Körpers Hand in Hand und fördern diese. Sie beschleunigen kaum wahrnehmbare biochemische Reaktionen in unserem Körper um ein Millionenfaches. Enzyme sind an fast allen Stoffwechselreaktionen beteiligt. Leben ist einfach undenkbar ohne Enzyme.

Enzyme steuern alle wichtigen Funktionen der Zellen. Sie beschleunigen viele Stoffwechselvorgänge. Sie bewirken den Transport von Nahrungsstoffen in die Zellen und den Abtransport von Abfallstoffen aus den Zellen.

Enzyme

- stärken unser Immunsystem
- beugen dem Herzinfarkt und der Arteriosklerose vor
- entgiften unseren Organismus
- verzögern den Alterungsprozeß
- helfen Übergewicht abbauen
- bekämpfen krankmachende Bakterien und Viren
- fördern die Wundheilung
- heilen entzündliche Prozesse

Enzyme aktivieren nachhaltig die Abwehrkräfte

Bei Entzündungen und Verletzungen hat der Körper einen erhöhten Enzymbedarf. Durch das Einnehmen von Enzymen kann das Abwehrsystem aktiviert und so der Heilungsprozeß beschleunigt werden. Das Funktionieren des körpereigenen Abwehrsystems wäre ohne Enzyme nicht denkbar: Denn Freßzellen, die gegen Krankheitserreger wie Viren, Bakterien oder auch andere Stoffe in den Blut- und Lymphbahnen vorgehen, speichern ebenfalls Enzyme in ihrem Zelleib.

Enzyme sind die Bausteine des Lebens. Der Aufbau einer unerhörten Vielfalt von Immunkörpern und die zur Aufrechterhaltung des Systems nötige Energieleistung wird durch Enzyme gesteuert. Fast alle von uns haben zu wenig Enzyme, weil wir uns durch industrielle Nahrung zu enzymarm ernähren.

Wichtige Funktionen erfüllen die Enzyme auch im Blut: Sie sorgen dafür, daß es immer die richtige Konsistenz hat, das heißt, daß es nicht zu dünn oder zu dick ist. Außerdem wirken Enzyme mit bei der Auflösung kleinerer Blutpfropfen, die die Gefäße verstopfen und zerstören können. Bei Verletzungen bewirken Enzyme die notwendige Blutgerinnung.

Jedes Enzym kennt seine Aufgabe

Enzyme sind die universalen Wirkstoffe lebender Zellen. Man weiß, daß Tausende verschiedener Enzyme im Organismus des Menschen tätig sind, wobei jedes eine ganz spezielle Aufgabe hat. Auf mehr als 10.000 wird die Zahl der natürlich vorkommenden Enzyme geschätzt. Genau identifiziert hinsichtlich ihrer Funktionen hat man bisher rund 2.500.[71]

Enzyme sind in unserer umweltbelasteten Zeit für einen gesunden Stoffwechsel lebenswichtig. Enzyme steuern alle wichtigen Lebensvorgänge und sind für die Gesundheit unentbehrlich.

Ähnlich beeindruckend wie die Vielzahl der Varianten sind die Fähigkeiten der Enzyme: Sie können große Moleküle „umbauen“ oder kleine „zusammenkleben“, sie können Stärke, Fette, Eiweiße oder auch den allgegenwärtigen Zellbaustoff Zellulose aufspalten. Viele natürliche Abbau- und Verdauungsvorgänge sind das Werk der Enzyme.

Ein gesunder Zellstoffwechsel erneuert unseren Körper unaufhörlich, baut ihn auf und regeneriert ihn ständig. Verbrauchte Zellen werden entfernt und neue Zellen nachgebildet: Der Kreislauf des Lebens ist im Gleichgewicht. Der Zellstoffwechsel durch die in Kombucha enthaltenen Enzyme angeregt.

Die Enzyme reagieren auf Änderungen im Säure-Basen-Haushalt des Körpers sehr empfindlich. Gerät der Säure-Basen-Haushalt aus dem Gleichgewicht, so hat dies einen starken Einfluß auf den gesamten Organismus, die Zellfunktion und auf alle Lebensvorgänge.

Die Enzyme spalten die Nahrung

Am bekanntesten sind die Enzyme, die am Verdauungsprozeß mitwirken: Bereits im Speichel schließen sie Kohlenhydrate aus der Nahrung auf. Das Enzym Pepsin spaltet im Magen die Eiweiße auf. Im Darmbereich befinden sich weitere kohlenhydratspaltende Enzyme (Amylasen), die die im Mund begonnene Aufspaltung fortsetzen. Daneben arbeiten hier auch eiweiß- (Proteasen) und fettspaltende Enzyme (Lipasen).

Die Verdauung ist der erste chemische Prozeß, dem die Nahrung unterliegt. An diesem Vorgang beteiligen sich eine ganze Anzahl von Hydrolasen. Hydrolasen sind Enzyme, die die Spaltung der umgesetzten Substanz unter Anlagerung von Wasser als Reaktionspartner vollziehen. Die Nahrungsbestandteile werden dabei in ihre einfacheren Bestandteile zerlegt: Proteine in Aminosäuren, Stärke in Einfachzucker (Monosaccharide), Fette in Glyzerin und Fettsäuren. Diese werden vom Darm resorbiert, in die Blutbahn weitergeleitet unter gelangen über das Blut an die Körperorgane.

Man unterscheidet:

1. Abbau von Kohlenhydraten: Carbohydrasen

Carbohydrasen sind die die Stärke und das Glykogen bis zu den Oligo- bzw. Disacchariden abbauenden Amylasen, die die Zellulose bis zur Glucose abbauenden Zellulasen und die Chitinasen, die Chitin zu einfachen Zuckern spalten. Maltase und Lactase spalten Glykoside und Oligosaccharide zu Monosacchariden.

2. Abbau von Eiweiß: Proteasen

Die Eiweiß spaltenden Enzyme sind die Proteasen. Bei den Proteasen unterscheidet man Proteinasen (Endopeptidasen, Pepsin, Trypsin, Chemotrypsin), die Proteine und höhere Polypeptide in niedermolekulare Eiweißstoffe spalten, und die Peptidasen i. e. S. (Exopeptidasen), die vor allem niedermolekulare Eiweißstoffe in die einzelnen Aminosäuren zerlegen. Peptidasen sind Enzyme, die Peptide zu Aminosäuren abbauen (Peptide sind Spaltprodukte des Eiweißabbaues, die aus zwei oder mehreren Aminosäuren bestehen. Aminosäuren sind Bausteine der Eiweißkörper).

3. Abbau von Fett: Lipasen

Enzyme für den Fettabbau sind die Lipasen. Die die Fette in Glyzerin und Fettsäuren spaltenden Lipasen können erst nach Einwirken der Gallensäuren wirksam werden.

Enzyme sind Wirkstoffe des Lebens. Enzyme machen jünger und erhalten die Leistungskraft. Mit Hilfe von Enzymen können wir atmen, denken, uns bewegen. Das Wunderwerk Mensch kann ohne Enzyme nicht leben. Enzyme sind unschätzbare Waffen im Kampf gegen Krankheiten aller Art. Der Körper braucht täglich Enzyme. Kombucha ist reich an Enzymen.

Enzyme aus dem Kombuchapilz gehen in das Getränk über

Ein Gärgetränk, in dem sich durch seinen besonderen Herstellungsprozeß Enzyme in überdurchschnittlich großen Mengen anreichern, ist Kombucha. Die Hefezellen in der Kombuchakultur senden Enzyme nach außen, die in das Getränk übergehen. Wie hoch der jeweilige Enzymgehalt ist, hängt von den verwendeten Zutaten, Art und Dauer der Gärung sowie den äußeren Bedingungen ab. Genauere Angaben liegen in der Regel nicht vor.

In Kombucha wurden bisher folgende Enzyme gefunden:

Invertase und Saccharase - Aufspaltung von Saccharose (Zucker),
Amylase - baut Stärke ab,
Katalase - Abbau von Wasserstoffperoxid
Katalase ist ein Enzym, das auch in Pflanzenzellen vorkommt. Das Zellgift Wasserstoffperoxid wird im Organismus von dem eisenhaltigen Enzym Katalase durch Aufspaltung in Wasser und Sauerstoff unschädlich gemacht. Besonders Leber und Erythrozyten besitzen eine hohe Konzentration von Katalase. Ein Mangel an Katalase führt zu Störungen des Erythrozytenstoffwechsels.[72]
Proteinase[73]
Labenzym und ein
proteolytisches Enzym – Auflösung von Fibrin und Ovalbumin[74]

Nach Köhnlechner spielt der Gerinnungsstoff Fibrin bei der Entstehung von Arteriosklerose eine wichtige Rolle. „Das mit Blutplättchen (Thrombozyten) vermengte Fibrin lagert sich an der Gefäßwand ab und kann mit der Zeit zum Verschluß der Arterie führen. Werden einem Patienten mit dickflüssigem Blut nun bestimmte eiweißabbauende (proteolytische) Enzyme zugeführt, so wird die Klebekraft des Eiweißkörpers Fibrin gemindert und die Fließeigenschaften des Blutes verbessert."[75]

Köhnlechner erwähnt, daß in Schüben verlaufende Erkrankungen durch ein entgleistes Immunsystem verursacht werden. Man spricht von Autoimmunkrankheiten mit schubartigem Verlauf. Dazu werden die chronische Polyarthritis, der Lupus erythematodes, der Morbus Bechterew, der Morbus Crohn und Colitis ulcerosa, aber auch die Multiple Sklerose gezählt. Manfred Köhnlechner schreibt: „Seit 10 Jahren werden proteolytische Enzyme auch bei Autoimmunerkrankungen mit bemerkenswertem Erfolg angewandt. Dies eröffnet völlig neue Perspektiven für eine effektive und unschädliche Therapie bei als unheilbar geltenden Krankheiten. Man kann es nicht anders als ein 'Wunder' bezeichnen, wenn es durch ein überlegenes biologisches Therapiekonzept gelänge, daß zumindest der eine oder andere Polyarthritis- oder MS-Patient wieder auf seinen Rollstuhl verzichten kann."

Es spricht einiges dafür, daß durch die Zuführung von Enzymen die Immunabwehr aktiviert und reguliert und der Selbstheilungsprozeß auf diese Weise unterstützt werden kann.[77]

Die antibiotischen Bestandteile in Kombucha

Anhand eingehender Untersuchungen wurde von russischen Wissenschaftlern (Danielova, Sakarjan, Naumova, Sukiasjan, Barbancik, Ermoleva, Konovalov, Litvinov, Zakmann und andere) bewiesen, daß Kombucha ein weites neues Feld antibakterieller Anwendungsmöglichkeiten erschließt. Im Gegensatz zu anderen Antibiotika besitzen die antibiotischen Stoffe von Kombucha keine unangenehmen Nebenwirkungen. Kombucha wurde von den Wissenschaftlern und Medizinern als unschädlich eingestuft.

Die russischen Forscher Danielova und Sakarjan berichten ausführlich über die antibiotische und wachstumsfördernde Wirkungen des Teepilzgetränks, über die Heilung toxischer Dyspesie bei Kindern und über die Heilung infizierter Wunden.

Konovalov, Litvinov und Zakmann (1959) berichten in der in Moskau erscheinenden Zeitschrift „Bot. Zurnal", daß das Kombuchagetränk bedeutende antimikrobe Eigenschaften besitze. Der Teeaufguß sei charakterisiert durch ein spezifisches antibakterielles Wirkungsspektrum, das sich vom Spektrum vieler anderer Antibiotika pilzlicher Herkunft unterscheide. Die Autoren unterstreichen jedoch, daß sich die therapeutische Bedeutung des Teepilzes nicht auf seine antimikroben Kräfte beschränke. Der Aufguß zeigt auch gute Wirkungen bei der Behandlung von Erkrankungen nichtinfektiösen Charakters, insbesondere bei Arteriosklerose, Hypertonie (hohem Blutdruck) und anderen Krankheiten.

Die antiobiotischen Bestandteile in Kombucha sind nicht zu vergleichen mit einem Antibiotikum, das Ihnen der Arzt bei schweren Infektionen verordnet. Es ist vielmehr vergleichbar mit den antibiotischen Bestandteilen in Meerrettich, Kapuzinerkresse, also gesundheitlich auch bei Daueranwendung völlig unbedenklich.

Polysaccharide als Immunstimmulanzien

Vielleicht ist bei der Erklärung für den Wirkmechanismus des Kombucha-Tees auch daran zudenken, daß hier die Polysaccharide (Vielfachzucker) im Spiel sind, von denen Dr. Schuitemaker[78] (1988) berichtet und die bei Studien in Japan und Korea aus Pilzen gewonnen wurden. Polysaccharide sind reine Energieträger und biologisch sehr aktiv. Schuitemaker berichtet, daß die Polysaccharide im Ganoderma lucidum, Ganoderma japonicum und Kombucha eine spezielle Struktur aufweisen, die im Vergleich zu anderen medizinischen Pflanzen eine erhebliche biologische Aktivität besitze. Sie veranlasse das Immunsystem zur Suche nach identischen Strukturen auf der Oberfläche pathogener Bakterien, Hefepilzen und Viren. Der Autor hält es für sehr gut möglich, „daß die Polysaccharide, beispielsweise im Kombucha, imstande sind, diese immunologische Respons zu moderieren und einen Widerstand gegen diese Krankheiten aufzubauen."

KAPITEL 7

Das Trinken

Wie schmeckt Kombucha?

Wenn Sie Kombucha das erste Mal trinken, werden Sie sicher von dem angenehmen Geschmack überrascht sein. Kombucha ist von mildsäuerlichem, erfrischendem, lieblichem Geschmack. Es erinnert etwas an angegorenen Apfelsaft, manchmal an Cidre oder einen leichten Moselwein. Das Getränk wird nicht immer gleich. Es gibt Schwankungen im Geschmack, und es gibt Variationen im Aussehen. Das fertige Getränk hat manchmal einen leicht prickelnden Geschmack, und Kohlensäurebläschen perlen nach oben. Ein anderes Mal können die Kohlensäurebläschen fast ganz fehlen oder entwickeln sich erst in der Flasche. Kombucha hat auch verschiedene Farben, vom rötlichen Goldgelb bis zu hellgelb. Das ist Leben! Bei einem lebendigen Organismus sind solche Variationen normal und statthaft.

Wieviel und wann soll man den Kombucha-Kwaß trinken?

Das Getränk wurde wegen seines aromatischen, mostartigen Geschmacks ursprünglich vor allem als Erfrischungsgetränk genossen. Außer als Erfrischungsgetränk wird der Teepilzkwaß, also das Kombuchagetränk, seit Jahrzehnten als Hausmittel gegen allerlei Krankheiten hoch geschätzt.

Ich empfehle aus Erfahrung: Trinken Sie dreimal täglich
je 1/8 Liter (125 ml) bis 1/4 Liter (250 ml). Und zwar

- ein Glas morgens auf nüchternen Magen, etwa 10 bis 15 Minuten vor dem Frühstück,
- ein Glas mittags vor oder nach dem Mittagessen und
- das letzte Glas abends eine geraume Zeit vor dem Schlafengehen.

Mit dieser Empfehlung, teils auf nüchternen Magen, teils nach den Mahlzeiten, decken Sie die größtmögliche Wirkungsbreite ab.

Diese Empfehlung können Sie als vorläufige Faustregel ansehen. Die zur Herstellung, Aufrechterhaltung und Stabilisierung des Wohlbefindens zuträgliche Menge kann je nach den konstitutionellen Verschiedenheiten bei jedem Menschen unterschiedlich sein. Finden Sie die Ihnen bekömmliche Menge selbst heraus. Ich kenne Leute, die täglich nur drei Likörgläser voll trinken. Andere dagegen trinken größere Mengen, auch zusätzlich zwischen den Mahlzeiten und fühlen sich dabei wohl.

Am besten fangen Sie mit kleineren Portionen an und tasten sich langsam an die Trinkmenge heran, bei der Sie fühlen, daß sie gerade für Sie richtig ist. Hören Sie auf Ihren Körper. Wenn er sagt, Sie sollen drei größere Gläser trinken - tun Sie es.

Es ist nicht genug zu wissen;
man muß auch anwenden;
es ist nicht genug zu wollen;
man muß auch tun.
Johann Wolfgang von Goethe

Soll ich Kombucha weitertrinken, obwohl ich nichts von einer Besserung meines Wohlbefindens bemerke?

Mollenda (1928) berichtet: „Die wohltätigen Wirkungen des Kombuchagetränks treten auch in schweren und veralteten Fällen regelmäßig nach vier- bis sechswöchigem ununterbrochenem Genusse ein." Mir wurde von mehreren Leuten berichtet, daß sie schon nach kurzer Zeit, z.B. nach zwei Tagen, positive Wirkungen auf ihr Wohlbefinden festgestellt hätten. Auf der anderen Seite berichten manche Kombucha-Anwender, daß die oftmals erstaunliche Wirkung erst nach ein- bis zweijähriger ständiger Einnahme eingetreten sei. Im allgemeinen dürfte eine Langzeiteinnahme erforderlich sein.

Um sich über den Kombucha-Tee ein Urteil zu erlauben, ist es ratsam, ihn einige Monate regelmäßig zu trinken und die Wirkung am eigenen Körper zu beobachten. Wir sollten Kombucha schon etwas Zeit geben. Schließlich haben viele von uns ihren Körper vernachlässigt, durch zweitklassige Ernährung und einen schädlichen Lebensstil. Es kann deshalb einige Zeit beanspruchen, bis wir eine spürbare Verbesserung feststellen, und selbst dann besteht noch ein Spielraum für weitere Besserung. Nach Erfahrungen der Naturheilkunde ist ein länger andauernder Heilreiz wirksamer als ein hochdosierter kurzzeitiger Einfluß.

Trinken Sie zusätzlich viel Wasser oder andere Getränke.

In jedem Fall ist wichtig: Da Kombucha erfahrungsgemäß alte Ablagerungen, Schlacken und Giftstoffe auflöst, ist es wichtig, daß Sie vor allem dann, wenn Sie mit dem Kombuchatrinken anfangen, zusätzlich viel Wasser, Tee oder andere Flüssigkeiten trinken. Dadurch werden die Abfallstoffe und Schlacken nicht nur gelöst, sondern auch ausgeschwemmt. Schlackenstoffe können von den Ventilorganen (Leber, Darm, Haut, Niere) nur mit Hilfe des Wassers ausgeschieden werden. Je mehr Schlackenstoffe anfallen, desto mehr Wasser wird für ihre Ausscheidung benötigt. Sie sollten zusätzlich zu den gewohnten Suppen und Flüssigspeisen zwischen den Mahlzeiten (nicht zu den Mahlzeiten) täglich noch mindestens 2 Liter Tee oder reines Wasser trinken. Wasser hat den größten Entschlackungssog. Natürlich können Sie Kombucha auch mit Wasser usw. verdünnen.

Kann ich Kombucha ohne Unterbrechung trinken oder soll ich ab und zu eine Pause einlegen?

Ein Arzt unterbreitete mir die Überlegung, es könnte ratsam sein, Kombucha z.B. zwei Monate einzunehmen und dann einen Monat Pause einzulegen, damit keine Reizgewöhnung eintrete. Alles brauche einen Reizstimulus. Ständiger Reiz ermüde. Prof. emer. Manfred Rimpler von der Medizinischen Hochschule Hannover schließt sich dieser Theorie an und empfiehlt folgende Anwendung: „Zweimal täglich mindestens 2 Gläser (à 0,2 Liter) Kombucha trinken, nach Belieben auch größere Mengen. Am effektivsten sind Kuren über einen Zeitraum von zwei bis drei Monaten." Er rät zwischendurch eine kleine Pause einzulegen, damit sich der Körper nicht zu sehr an das Naturheilmittel gewöhnt.[79]

Diese Intervall-Theorie ist jedoch vorläufig nur eine reine Arbeitshypothese, und ich erwähne sie nur der Vollständigkeit halber. Es liegt folgende Überlegung zugrunde: Man hat beobachtet, daß sich nach der häufigen wiederholten Einnahme verschiedener Substanzen die Wirkung vermindert. Um wieder die ursprüngliche Wirkung zu erreichen, muß die Dosis gesteigert oder die Substanz häufiger eingenommen werden. Dieser Gewöhnungseffekt ist jedoch nicht bei allen Substanzen zu beobachten. Es gibt Substanzen, deren Wirkung bei längerer Anwendung abnimmt, bei anderen hingegen bleibt die Wirkung unabhängig von der Dosis konstant. Wie es sich mit dem Kombuchagetränk verhält, ist noch nicht ausreichend erforscht. Ich persönlich kann mich mit der Intervallmethode nicht anfreunden, weil ich mein tägliches Kombuchagetränk nicht missen möchte. Ich kenne Leute, die jahrelang Kombucha tranken und sich dabei besten Wohlbefindens erfreuen. Andererseits gibt es Menschen, die berichten, daß sie den Effekt von Kombucha nach einer Trinkpause wieder besser spüren. Benutzen Sie Ihren Instinkt, um herauszufinden, was gerade für Sie richtig ist.

Kann ich mit Kombucha auch abnehmen?

Kombucha kann Ihr Gewicht nicht reduzieren, wenn Sie zuviel essen. Erfreulicherweise ist Kombucha jedoch auch der ideale Partner zum Abnehmen: Das Gärgetränk bringt selbst den trägsten Stoffwechsel auf Trab und sorgt für eine regelmäßige Verdauung. Abfallstoffe werden besser entfernt und der Körper entschlackt. Gleichzeitig regeneriert das Getränk die Darmflora, den Verdauungstrakt und den ganzen Organismus. Kein Wunder, daß viele Menschen davon berichten, daß ihnen Kombucha auch geholfen hat, ihr Gewicht zu reduzieren.

Eine Anleitung aus Brasilien verspricht: „Man nimmt ab und trotzdem bleibt die Haut glatt, da nur das überschüssige Fett verbrannt wird. Zellulitis wird vermieden. Wichtig ist, daß Sie in der Zeit, in der Sie abnehmen, gleichzeitig von Krankheiten geheilt werden, von denen Sie vielleicht gar keine Ahnung hatten. Trinken Sie den Tee 3 mal täglich **15 Minuten vor den Mahlzeiten.** Der Tee ist nicht nur zum Abnehmen da, er reinigt auch Toxide, Unreinheiten im Organismus, im Blut. Wenn Sie den Tee getrunken haben und verspüren in den ersten Tagen irgendwelche Reaktion, kein Grund zur Aufregung, das gibt sich wieder, nur nicht aufhören, den Tee weiter zu trinken, denn er wird Ihnen Wohlbehagen und Jugend zurück bringen."

> Fettabbau ist mit Kombucha allein sicher nicht zu bewältigen. Allerdings kann Kombucha aufgrund der appetithemmenden Wirkung durchaus als unterstützende Maßnahme eingesetzt werden. Kombucha weckt die Lebensgeister und kurbelt die Verdauung an.

Viele Menschen haben mir bestätigt, daß ihnen Kombucha geholfen hat, ihr Körpergewicht zu reduzieren. Allerdings hilft Kombucha nicht allen Menschen gleich. Ariana aus den USA schrieb: „Als ich begann, Kombucha zu trinken, habe ich innerhalb der ersten Monate 9 Kilogramm abgenommen. Und es blieb dabei. Das war vor acht Jahren. Wenn ich Kombucha vor dem Essen trinke, bremst das meinen Appetit. Aber das ist nicht bei allen Leuten so. Wenn Sie statt eines Donuts, einer Tüte Chips oder einem Bier einfach zu einem Glas Kombucha greifen, kann das nach meiner Erfahrung nach einiger Zeit zu der erwünschten schlanken Figur führen. Aber - auch das funktioniert nicht bei allen Menschen."

Wie ist es zu erklären, daß Kombucha beim Abnehmen hilft?

Kombucha bewirkt mancherlei positive Änderungen im Körper. Dadurch erreichen viele übergewichtige Menschen ihr Wohlfühlgewicht. Wie ist es zu erklären, daß sich das Gewicht bei vielen Menschen, die dies nötig haben, nach einiger Zeit einpendelt?

- Wenn Ihnen Kombucha mehr Energie beschert, werden Sie auch mehr Lust verspüren, sich sportlich zu betätigen. Sie werden feststellen, daß Sie aktiver sind. Klar, das verbrennt Kalorien.

- Viele Menschen sagen, daß sie sich mit Kombucha rundum wohl fühlen.

Dieses große Wohlbefinden hält sie davon ab, zu Naschereien und zusätzlichen Kalorien als Seelentröster zu greifen.

- Wenn der Stoffwechsel wieder auf Trab gebracht wird, wird der Körper die Nahrung zum Wohl Ihres Körpers verwerten und sich selbst von aufgestauten Schlacken befreien. Wenn Aufbau und Abbau im Organismus wieder richtig funktionieren, wird der ganze Körper davon profitieren.

- Wenn Kombucha Sie von chronischen Schmerzen befreit, dann werden die Lebensgeister zurückkehren, und Sie werden aktiver werden. In einem aktiven Körper arbeitet das Lymphsystem weit effektiver als in einem trägen Menschen.

- Wenn Sie spüren, wie Kombucha Sie mit mehr Lebenskraft ausstattet, werden Sie beginnen, in jeden neuen Tag voller Energie zu starten, jeden Tag aktiver zu gestalten. Sie werden vielleicht zum Beispiel täglich einen zügigen Marsch einlegen. Es besteht gute Hoffnung, daß die Pfunde purzeln, daß sich der Körper bisheriger Lasten befreit. Kurz: Daß er wieder effektiv arbeitet.

- Stellen Sie sich Ihren Körper als ein wohlkonstruiertes Räderwerk vor und denken Sie daran, daß diese Maschine wie bei einem Auto nur dann die volle Leistung erbringen kann, wenn Sie ihm hochwertigen Kraftstoff zuführen. Von minderwertigem Kraftstoff können Sie keine hohe Energie erwarten.

- Kombucha ist ein Nahrungsmittel - und „Kraftstoff für Ihre Maschine". Es kann für Sie wichtig sein, Ihre Nahrung damit zu ergänzen. Möge Kombucha zu Ihrem optimalen Wohlbefinden, zu der großen Gesundheit beitragen.

Wieviel Kalorien hat das Kombucha-Getränk?

Die Kalorienzahl hängt davon ab, wie lange der Fermentationsprozeß gedauert hat, wieweit der Zucker also verbraucht ist. Das ist von Fall zu

Fall unterschiedlich. Durch den Gärprozeß wird ein Teil des Zuckers verbraucht. Der Restzuckergehalt des fertigen Getränks richtet sich nach dem Vergärungsgrad, der wiederum von verschiedenen Faktoren abhängt. Da man das Getränk im allgemeinen aus Geschmacksgründen nicht ganz durchgären läßt, ist wie beim Wein noch ein Restzuckeranteil enthalten. Gehen wir von einem Restzuckergehalt von 30 g/l aus, so sind dies 495 kJ = 118 kcal. Bei einem Restzuckergehalt von 20 g/l errechnen wir 330 kJ = 79 kcal. Die fertigen Kombuchagetränke variieren beim Restzuckergehalt. Jedoch selbst bei einem höheren Gehalt an Restzucker hat Kombucha weit weniger Kalorien als Fruchtsäfte. Naturtrüber Apfelsaft hat immerhin etwa 450 Kalorien (2000 Kilojoule) pro Liter.

Durch entsprechend längere Gärdauer, die natürlich mit Zugeständnissen an die Geschmacksnerven bezahlt werden muß, kann ein noch niedrigerer Kalorienwert erreicht werden. Bei der Betrachtung der Kalorienzahlen ist noch in Erwägung zu ziehen, daß diese durch die von dem Getränk bewirkte Aktivierung der Stoffwechselvorgänge wieder ausgeglichen werden können.

Dürfen Menschen, die an einer Pilzkrankheit (Candida) leiden, Kombucha trinken?

Wenn jemand „Candida“ hört, denkt er unwillkürlich gleich an Candida albicans. In Wirklichkeit gibt es rund 200 Candida-Arten, von denen die meisten allerdings wertvoll oder harmlos sind, z.B. Candida kefyr, C. vini, Candida robusta (Backhefe).

Das Reich der Pilze ist sehr vielseitig. Zu den Pilzen gehören auch die Hefen (Hefepilze). Hefepilze (vor allem Schizosaccharomyces Pombe) sind auch in der Kombucha-Symbiose und dem damit hergestellten Getränk enthalten. Man muß jedoch unterscheiden: Es gibt pathogene (schädliche) und apathogene (unschädliche) Pilze. So sind z.B. Bier- und Backhefen niemals krankmachend. Die in Kombucha enthaltenen Pilzarten gehören nach übereinstimmender Ansicht von Experten ebenfalls zu der unschädlichen Kategorie. Die Schädlichkeit der pathogenen Pilze (z.B. Candida albicans) wird durch das Vorhandensein unschädlicher Hefepilze nicht vergrößert. Pilze sind allgegenwärtig (ubequitär) und in unzähligen Nahrungsmitteln vorhanden, so in Brot, Käse usw. Von Candida albicans befallene Patienten dürften ja dann fast nichts mehr essen. Es bestehen aus mykologischer Sicht keine Bedenken, daß Candida albicans-Patienten Kombucha trinken. Dies hat mir Prof. Dr. med. Hans Rieth (gestorben im Sommer 1994) aus Hamburg, die führende Kapazität auf dem Gebiet der Mykologie (Lehre von den Pilzkrankheiten), in einem persönlichen Gespräch bestätigt.

Kombucha - da haben andere Pilze nichts zu lachen

Ein anderer Gesichtspunkt ist der in dem Kombuchagetränk enthaltene Restzucker. Pilze lieben bekanntlich Zucker, und von Pilzkrankheiten befallene Patienten sollen deshalb bei einer Pilz-Diät möglichst jeden Zucker meiden. Deshalb muß jedoch auf Kombucha nicht verzichtet werden. Es wird berichtet, daß Kombucha begleitend zu einer vom Therapeuten verordneten Behandlung zur Ausheilung beiträgt. Chronische Erkrankungen wie Candida können entstehen, wenn der Stoffwechsel und der Säure-Basen-Haushalt nicht stimmen. Kombucha aber kann bei langfristiger Anwendung helfen, diese Störungen ins Lot zu bekommen.

Selbsthersteller sollten das Kombucha-Getränk gründlich durchgären lassen, so daß der Zucker weitgehend in die anderen Stoffwechselprodukte umgewandelt und damit nicht mehr vorhanden ist. Das Getränk schmeckt dann natürlich sehr sauer und ist nicht jedermanns Geschmack. Verdünnen Sie es einfach mit Wasser oder Obstsäften.

Durch das Kombuchagetränk können die Abwehrkräfte gestärkt werden und damit gegen Candida albicans wirken. Für das intakte Immunsystem sind Infektionen mit den natürlich vorkommenden Pilzen, die über die Lunge oder den Darm aufgenommen werden, normalerweise keine Gefahr. **Wenn wir nun durch Kombucha die Immunabwehrkräfte stärken, so unterstützen wir auch die körpereigene Abwehr gegen pathogene Pilze.**

Außerdem können die in Kombucha enthaltenen probiotischen Milchsäurebakterien Candidainfektionen verhindern und möglicherweise heilen. So berichtet das angesehene „New England Journal of Medicine"[(80)].

Dürfen Diabetiker Kombucha trinken?

Dr. Mollenda[81] (1928) schreibt zu dieser Frage: „Die mit Zuckerkrankheit behafteten Personen können nach dem Gutachten der Ärzte das gutgegorene Getränk ebenso wie die saure Milch oder sauren Schmetten (= Sahne) trinken, weil durch den Gärungsprozeß der Zucker zum größten Teil in Bestandteile zersetzt und umgewandelt wurde."

Diabetiker sollten das Kombuchagetränk mit Kräutertee oder Mineralwasser verdünnen. Dann ist aufgenommene Zuckermenge (Restzucker) unbedenklich, solange die zulässige Gesamtmenge innerhalb des Diätplans nicht überschritten wird. Es wird, weil den meisten Leuten durchgegorener Kombuchatee zu sauer ist, je nach Vergärungsgrad von einem Restzuckeranteil von etwa 25 bis 35 Gramm pro Liter auszugehen sein, sofern 70 bis 80 Gramm Zucker für die Herstellung verwendet wurden. Bei kommerziell hergestelltem Kombucha finden Sie die Angaben auf dem Etikett.[82] Der enthaltene Restzucker besteht jedoch zum größten Teil nur noch aus dem auch Diabetikern in Maßen erlaubten Fruchtzucker. Der Grund dafür ist: Der weiße Zucker (Saccharose, ein Doppelzucker) spaltet sich zu Beginn des Gärvorgangs durch die Enzyme der Hefe und der Essigbakterien in die Einfachzucker Glucose (Traubenzucker) und Fructose (Fruchtzucker). Die Glucose vergärt schneller und leichter.

Als Restzucker bleibt Fructose zurück, die sich langsamer und schwerer umwandelt. Dies kann auch aus dem Versuchen von Reiß[83] gefolgert werden, der feststellte, daß die Glucosekonzentration von 5. bis 9. Tag rasch anstieg (durch die Spaltung), dann jedoch aufgrund der Glucoseabbauenden Stoffwechselprozesse schnell absank. Am 17. Tag waren die Glucose-Vorräte annähernd erschöpft.

Fruchtzucker (Fructose) weist einen weitgehend vom Insulin unabhängigen Stoffwechsel auf und wird deshalb als Diabetikerzucker empfohlen. Fruchtzucker (Fructose), in kleinen Portionen über den Tag verteilt, wird auch von Zuckerkranken im allgemeinen gut toleriert und kann in geeigneten Fällen in Mengen bis 60 g täglich verabreicht werden.[84]

Für Diabetiker ist Fruchtzucker angeblich deshalb verträglich, weil der größte Teil davon direkt in die Leber transportiert wird, ohne einen Anstieg des Blutzuckerspiegels zu verursachen. Fructose selbst stimuliert daher die Freisetzung von Insulin nicht, noch benötigt sie Insulin für ihre Resorption.

Eine Entscheidungshilfe können Diabetikern die Ratschläge sein, die Dr. med. Johann Abele, Ärztlicher Leiter des Sanatoriums für natürliche Heilweisen, Schloß Lindach/Schwäbisch Gmünd, gibt. Aus der ganzheitlichen Betrachtung des Arztes für Naturheilverfahren gibt er einer Leserin auf die Frage, ob sie bei latentem Diabetes das „Getränk Teepilz Kombucha" nehmen könne, folgende Antwort: „Der latente Diabetes ist ein Altersdiabetes und ein diätetisches Problem. Wenn Sie sich streng diätetisch nach den Richtlinien der alten Lehrmeister wie Kollath oder Bircher-Benner halten, dürfte der Kombucha-Tee keine Rolle spielen. Darüber hinaus sollten Sie sich ausreichend bewegen, und zwar mehr als der „Rest der Welt". Dann können Sie, wenn Sie die vorgenannten Bedingungen erfüllt haben, auch Kombucha-Tee trinken. Der latente Diabetiker ist wie der volle Diabetiker eine Säure-Patient. Die Säure-Bilanz des Körpers muß ausgeglichen sein. Dann werden Sie Kombucha auch gut vertragen."[(85)]

Durch Kontrollen ihres Blutzuckers sollten Diabetiker feststellen, ob sich durch Kombucha Änderungen ergeben. Bekanntlich hat jeder Diabetiker seine eigene individuelle Toleranzgrenze, das heißt er kann mit Hilfe der Restfunktionen seiner Inseldrüsen eine bestimmte Menge Kohlenhydrate verarbeiten, ohne daß der Blutzucker bedrohlich ansteigt[(86)].

Können Schwangere und stillende Mütter Kombucha trinken?

Diese Frage ist noch nicht eindeutig geklärt. Schwangere und stillende Frauen sollten Kombucha vorsichtshalber nicht trinken, außer sie haben Kombucha auch schon einige Monate vor ihrer Schwangerschaft getrunken.

Der Grund ist: Die Glucuronsäure in Kombucha bindet körpereigene Stoffwechselgifte und körperfremde Umweltgifte und leitet sie aus. Wenn Sie kurz vor der Schwangerschaft beginnen, Kombucha zu trinken, könnte das heranwachsende Kind von den Abfallprodukten beeinträchtigt werden. Aus dem gleichen Grund sollte die junge Mutter übrigens während der Stillzeit nicht versuchen, ihr Körpergewicht zu reduzieren. Im Fettgewebe sind in Abhängigkeit von der Ernährungsweise und der Leistungsfähigkeit der Entgiftungsorgane viele Giftstoffe deponiert, die beim Fettabbau freigesetzt und auch über die Muttermilch entsorgt werden.

Werdende und stillende Mütter könnten auch an folgendes denken: Das Kombuchagetränk enthält dem Körper nützliche Enzyme. Diese können für das wachsende Kind jedoch noch zu stark sein. Es gibt zum Beispiel auch Überlegungen, Babys unter einem Jahr zum Beispiel noch keinen Honig zu geben, weil der Stoffwechsel des heranwachsende kleinen Menschen damit noch nicht umgehen kann. Aus dem selben Grund sollte man auch mit Kombucha zurückhaltend sein. Die kleinen inneren Organe entwickeln sich noch. Kombucha reinigt und unterstützt die Leber, die Nieren und andere Teile des Verdauungssystems und entschlackt den Körper. Bei einem Baby ist das von Natur aus noch nicht nötig. Diese Erklärung beruht auf theoretischen Überlegungen und ist keine definitive Antwort. Es ist jedoch anzuraten, vorsichtshalber auf der sicheren Seite zu sein. Dies gilt besonders dann, wenn ein Säugling zum Beispiel an Blähungen leidet. Dies könnte ein Zeichen dafür sein, daß der kleine Organismus die in Kombucha enthaltenen Enzyme noch nicht benötigt.

Fitmacher für Sportler

Viele Menschen berichten, daß ihnen Kombucha einen ungeahnten Energieschub gab. Kein Wunder, daß sich das Getränk deshalb auch als Fitmacher für Leistungssportler bewährt hat. Beim Training oder nach anderen schweißtreibenden Anstrengungen ist Kombucha ein angenehmer natürlicher und anregender Durstlöscher voller Lebendigkeit und eine wohlschmeckende Alternative zu Wasser und Elektrolytgetränken. Es wird vom Körper gut aufgenommen. Viele Sportler verdünnen Kombucha mit Mineralwasser und Sportgetränken: Ein köstlicher und dazu gesunder Durstlöscher, der „Power“ und Lebenskraft steigert.

Die Leistungen werden gesteigert, weil der Energiestoffwechsel in den Körperzellen besser funktioniert. Deshalb: **Kombucha statt Doping.**

Außerdem: Wer das Gärgetränk regelmäßig genießt, muß vor lästigem Muskelkater kaum Angst haben. Tests im Olympiastützpunkt Warendorf haben gezeigt, daß bei den harten Trainingsmethoden kaum noch Muskelkater auftrat, wenn die Athleten Kombucha tranken.[87]

Man erklärte sich diese Beobachtung zunächst damit, daß einer Übersäuerung des Organismus mit der linksdrehenden Milchsäure, eine Ursache für Muskelkater, entgegengewirkt wurde. Man ging dabei von der Theorie aus, daß die typischen Muskelkaterbeschwerden durch eine zu hohe Milchsäurekonzentration im Muskel hervorgerufen werden, was die sensiblen Nerven im Muskel reizt.

Eine neuere Theorie, die mittlerweile als die wahrscheinlichste angenommen wird, besagt, daß nicht zuviel Milchsäure für den Muskelkater verantwortlich ist, sondern das Zerreißen der feinsten Muskelfaserteile, der sogenannten Myofibrillen. Die Muskelkaterschmerzen entstehen einfach deshalb, weil im Muskel nun eine ganz normale Entzündungsreaktion abläuft.

Es ist mittlerweile bekannt, daß der Körper im Falle von Entzündungen und Verletzungen einen erhöhten Enzymbedarf hat. Bei Entzündungen kommt es darauf an, daß die Abwehr der Erreger und der Wiederaufbau des verletzten Gewebes in einem ganz bestimmten Ablauf erfolgen. Doch das funktioniert nur bei einer intakten Kommunikation zwischen den Abwehrzellen. Und hier herrscht oft ein Defizit: Klappt die Verständigung zwischen den Abwehrzellen nicht, dann dauern die Entzündungen zu lange an. Das bedeutet, daß sich die Ausheilung verzögert. In solchen Fällen können Enzyme dazu beitragen, die Kommunikation zwischen den Abwehrzellen zu fördern.

Gerade bei Sportverletzungen werden seit etlichen Jahren Enzyme zunehmend zur Förderung des Heilungsprozesses eingesetzt. Bei einer Prellung, bei der das Gewebe verletzt wird (Folge: Blauer Fleck) oder bei Mikroverletzungen im Muskelgewebe (Folge: Muskelkater) benötigt der Körper zur „Reparatur" vermehrt Enzyme. Die ausreichende Zufuhr von den in Kombucha enthaltenen Enzymen scheint die Regeneration zu fördern und zu beschleunigen. Die defekten Myofibrillen werden nun abgebaut und rasch durch neue ersetzt. Nach Abschluß dieser Aktion wird die Entzündungsreaktion zurückgefahren, wir können den Muskel wieder voll belasten.

Es spricht einiges dafür, daß im Falle von Verletzungen und bei manchen, speziell entzündlichen Erkrankungen durch die Zuführung von Enzymen die Immunabwehr aktiviert und reguliert und der Selbstheilungsprozeß auf diese Weise unterstützt werden kann.

Kombucha auch für Kinder?

Es ist nichts Schädliches in Kombucha. Ich wüßte also nicht, weshalb man Kombucha nicht auch Kindern geben könnte. Kombucha ist sicher viel besser für die Kleinen als die Limonadengetränke. Ich kenne viele Eltern, die ihren Kindern Kombucha zu trinken geben und habe noch nichts Negatives gehört. Eine Mutter erzählte mir sogar, daß sie ihrem Baby löffelweise Kombucha gab und damit seinen Milchschorf auf dem Kopf kurierte. Da Kombucha kein standardisiertes Arzneimittel ist, können hierzu vorläufig keine wissenschaftlich belegten Aussagen gemacht werden. Sie müssen sich auf Ihre eigenen Beobachtungen verlassen. Der menschliche Körper ist ein gutes Barometer und sagt, was ihm guttut, wenn wir auf ihn horchen.

Natürlich sollten Sie mit kleinen Mengen anfangen, also zum Beispiel teelöffelweise. Je nach Alter der Kinder kann folgende Liste als grobe Faustregel dienen:

Alter	*Dosierung*
ab 18 Jahre	wie Erwachsene
15 - 17 Jahre	$^3/_4$ der Erwachsendosis
10 - 14 Jahre	$^1/_2$ der Erwachsendosis
5 - 9 Jahre	1/3 der Erwachsenendosis
3 - 4 Jahre	$^1/_4$ der Erwachsenendosis
1 - 2 Jahre	1/10 bis 1/5 der Erwachsenendosis

Für Kinder ist der aus Kräutertee hergestellte Kombuchatee dem aus Schwarzem oder Grünem Tee hergestellten wegen des Koffeingehalts vorzuziehen. Kinder mögen Kombucha eher, wenn der säuerliche Geschmack etwas gemildert wird. Also machen Sie zum Beispiel einen speziellen Kindercocktail, indem Sie Kombucha mit Mineralwasser, Apfelsaft, Himbeersirup oder schwarzem Johannisbeersaft vermischen. Diese Mischungen schmecken und löschen auf gesunde Art den Durst.
Übrigens: Kombucha ist gut für Teenager mit Akne!

Heilfasten mit Kombucha

Fasten ist der Schlüssel zur inneren Reinigung. Durch das traditionelle Fasten werden Körper, Seele und Geist von Lasten und Schlacken befreit. Der Grund ist einfach: Die Verdauung benötigt während der Fastenzeit weniger Enzyme und weniger Energie. Er kann sie nun für andere Aufgaben voll einsetzen, für die Entgiftung, für die Entschlackung, zum Abbauen überflüssigen Fettgewebes, zum Wiederaufbau und zur Reparatur des Körpers. Der Körper holt sich die Kraft, die er zur Regeneration braucht, aus den Reserven im Körper. Er wendet alle Energie zum Gesundwerden auf.
Was liegt näher, als den Körper bei diesem Selbstreinigungsprozeß mit Kombucha wirkungsvoll zu unterstützen. Wenn Ihre Fastenkur von Kombucha begleitet wird, führen Sie Ihrem Körper zusätzlich und gezielt Enzyme zu. Die Enzyme und die organischen Säuren in Kombucha verstärken den Reinigungs- und Entschlackungsprozeß.

Trinken Sie morgens, mittags und abends je einen viertel Liter Kombucha. Sie können diese Menge auch der Flüssigkeit (Wasser, Tee, Obst-

und Gemüsesäfte) zufügen, die Sie tagsüber trinken. Trinken Sie mindestens 3 Liter Flüssigkeit pro Tag. Es ist auch eine gute Idee, einmal wöchentlich einen Fasttag mit Kombucha einzulegen. Sie tun damit etwas für Ihre schlanke Figur, entlasten den Stoffwechsel und entschlacken Ihren Körper. Kombucha wirkt basenbildend. Es bringt den Körper in Schwung. Es rundet deshalb auch während einer Frischkostwoche, bei der sich Körper, Seele und Geist entspannen und erholen oder einem regelmäßigen Früchtetag pro Woche oder Monat die Frischkost ab und macht sie für den Menschen verträglicher.

Alkohol im Kombuchagetränk - ein Problem?

Im vergorenen Kombuchakwaß ist in geringer Menge Alkohol enthalten. Bei der normalen Kombuchagärung wird der Alkoholgehalt niedrig gehalten und liegt bei etwa 0,5 Volumenprozent (etwa 4 g pro Liter). Dieser Wert kann je nach Gärbedingungen variieren. Der genannte Alkoholgehalt ist so viel wie im sogenannten alkoholfreien Bier. In normalem Bier sind etwa zehnmal soviel Alkoholprozente enthalten (rund 5 %). Etwas Alkohol ist übrigens auch in vielen Fruchtsäften, Essig und sogar in manchen Weißbrotsorten und Lebensmitteln zu finden, zum Beispiel in Tütensuppen und Kuchen. Nach den Leitsätzen für Fruchtsäfte von 1997 sind in Fruchtsäften bis zu 0,36 Volumenprozent Alkohol erlaubt (3 g pro Liter). Dieser zulässige Alkoholgehalt wird bei guten Säften in der Regel nicht erreicht, kann aber zum Beispiel in Apfelsaft auftreten, der aus schon leicht angegorenen Äpfeln zubereitet wurde.

Der geringe Alkoholgehalt in Kombucha ist normalerweise in körperlicher Hinsicht unschädlich. Für den Alkoholkranken bedeutet jedoch jedes bewußte Zusichnehmen von Alkohol eine psychologische Gefahr und es wird deshalb von Kombucha vorsichtshalber abgeraten. Professor Rainer Tölle von der Klinik für Psychiatrie der Universität Münster warnte vor allem entwöhnte Alkoholiker vor dem Genuß sogenannter alkoholfreier Biere und Fruchtsäfte. Für sie können wegen der hohen Sensibilität für die psychischen und physischen Wirkungen des Alkohols selbst so kleine Mengen noch gefährlich werden. Diese Warnung kann entsprechend auf das den gleichen Alkoholgehalt enthaltene Kombuchagetränk übertragen werden.

Kann ich Kombucha auch meinen Haustieren geben?

Kombucha ist auch für Tiere nützlich. Sie können zum Beispiel etwas Kombucha dem Trinkwasser zufügen, entsprechend der Größe des Tieres. Ein Pferd braucht natürlich mehr als ein kleiner Terrier.

Als man festgestellt hatte, daß das seit alters her bekannte Hausmittel Kombucha auch eingehenden medizinischen Untersuchungen standgehalten hatte, begann man in der Sowjetunion, es auch in der Tiermedizin anzuwenden. Das ist einer der wenigen Fälle, in denen von der Human- auf die Tiermedizin Rückschlüsse gezogen wurden.

Die ersten Untersuchungen auf diesem Gebiet erfolgten ab 1947 in der ehemaligen UdSSR. Man erprobte das aus Kombucha gewonnenen Präparat „Bakterizidin" an Kälbern, Schafen, Hunden, Meerschweinchen, Kaninchen und Mäusen. Danielova berichtet, daß Kombucha in Rußland erfolgreich an Schafe, Rinder und Küken verabreicht wurde. Sie wuchsen freudiger und gediehen ohne Gesundheitsstörungen.[(88)]

Man gab Lämmern und Kälbern, die an bakterieller Ruhr und ähnlichen infektiösen Erkrankungen der Verdauungsorgane litten, mehrmals am Tag Bakterizidin. Der Heilungserfolg zeigte sich bei allen Tieren schnell und ohne Komplikationen. Das Wachstum von Küken, denen man das Kombucha-Präparat unter das Futter gemischt hatte, erhöhte sich um fünfzehn Prozent.

Kombucha auch bei Tieren

Frau I.H. aus den Niederlanden: „Ich wende Kombucha seit etwa drei Monaten sehr erfolgreich bei meinem Hund an. Er ist von einer lebenden Leiche zu einem quicklebendigen Hund geworden." Frau H. schildert dann, daß der Hund in eine Tierklinik kam, man ihn auf hochwertiges Futter setzte und ihn schließlich schon einschläfern wollte, weil sich sein Zustand immer mehr verschlechterte. Sie fährt dann fort: „Als ich ihn zurück bekam, riet mir eine Freundin, ihm Kombucha-Tee unter das Futter zu mengen.

Die ersten Wochen verschlechterte sich sein Zustand erst noch. (...) Aber dann ging es mit ihm aufwärts. Jetzt ist er ein ganz normaler Hund. Er kann auch wieder spielen, was er seit nun $1^1/_2$ Jahren nicht mehr getan hat. Sein Fell entwickelt sich wieder langsam zu einem normalen Fell und alle seine kahlen Stellen sind zugewachsen. Er bekommt im Moment jeden Tag 150 ml Kombucha."

Kombucha für Haut und Haare

Kombucha ist wegen des Gehalts an Enzymen und lebenden Hefen nicht zuletzt gut für die Schönheit. Eine enzymreiche Ernährung tut der Haut gut und strafft das Gewebe, und die Hersteller von Hauptpflegemitteln wissen es längst: Es sind die ihren Kosmetika beigemischten Hefen, die eine pflegende und heilende Wirkung entfalten.[89] Ein halber Teelöffel des Kombuchagetränks enthält allein zehn Millionen dieser hautverjüngenden Hefen. Und da Kombucha ein rein biologisches Getränk ist und keine Zusätze wie viele Kosmetika enthält, treten auch so gut wie nie Allergien auf.

Kombucha als Gesichtswasser

Kombucha entfaltet seine natürliche Heilwirkung nicht nur als Getränk, sondern kann auch äußerlich für die Haut- und Haarpflege verwendet werden. So können Sie Hautreizungen oder Insektenstiche lindern, wenn Sie ein in Kombucha getränktes Tuch etwa 20 Minuten lang auflegen. Waschen Sie die Haut anschließend nicht ab. Auf die gleiche Weise können Sie Kombucha als erfrischendes Gesichtswasser verwenden, das den Säureschutzmantel Ihrer Haut positiv beeinflußt.

Kombucha als „Schönheitscreme"

Sie können mit Kombucha eine Schönheitscreme herstellen, indem Sie Kombucha mit einer Salbengrundlage vermischen z.B. Wollfett, Lanolin, Walrat, Kakaobutter, Wachs, Schmalz, Glyzerin, Eucerin cum Aqua, Dr. Wolff Basiscreme halbfett oder ähnliches. Diese Zutaten bekommen Sie in Apotheken oder Geschäften für Selbstmacher-Kosmetika.

Eine Anleitung aus Brasilien empfiehlt: „Man kann eine Creme herstellen zur Benutzung gegen Falten. Die Haut wird samtweich. (...) Die Creme wird wie eine Gesichtsmaske benutzt, eine Stunde einwirken lassen. Dazu lege man sich hin und schließe die Augen, aber ohne zu schlafen. So kann die Creme am besten einwirken. Die berüchtigten Krähenfüße um die Augen verschwinden in einem Monat. Wer ernste Haut-

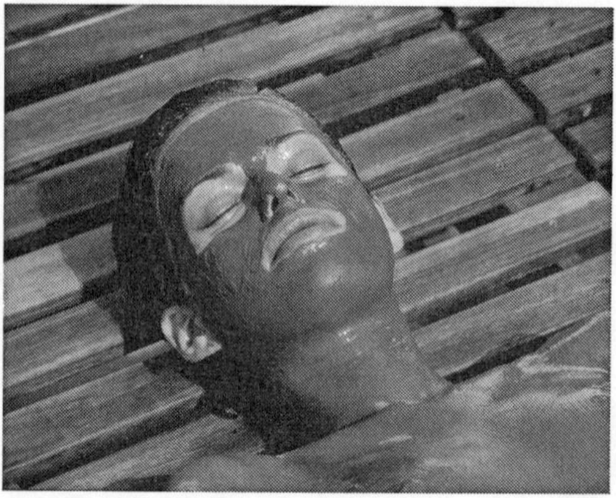

probleme hat, sollte diese Creme jeden Tag benutzen, danach kalt abwaschen, dann mit einem Wattebausch, in Kombucha-Tee getränkt, das Gesicht abtupfen und trocknen lassen. Auch wenn Sie noch keine Creme haben, können Sie Ihr Gesicht mit dem Tee, morgens und abends vor dem Schlafengehen, waschen. Danach können Sie weiterhin eine Tagescreme oder Make-up benutzen. Auch Hautflecken verschwinden.

Wenn Sie schwerwiegende Probleme mit Zellulitis („Orangenhaut") haben, dann massieren Sie mit dem Tee die Stellen ein und lassen es trocknen."

Glatte und saubere Haut, gute Verdauung

Frau C.B. aus S.: „Seit Ihrem Beitrag in der Zeitschrift 'Raum und Zeit' wende ich Kombucha an. Als hervorragendstes Ergebnis sehe ich meine glatte und saubere Haut. Auch positive Wirkung erziele ich im Verdauungsbereich (...) Durch die Anwendung des Getränks habe ich keine Beschwerden mehr nach dem Genuß von etwas Alkohol."

Akne und Hautauschläge - auch äußerlich anzuwenden

Frau K. aus der Schweiz: „Ich hatte früher viel mit Akne und Hautauschlägen zu tun. Nun möchte ich sagen, daß sich meine Haut durch die Einnahme von Kombucha-Tee sehr gebessert hat. Man kann diesen Tee auch äußerlich anwenden. Man betupft die kranke Haut damit. Aber es braucht etwas Geduld und die regelmäßige Einnahme des Getränks."

Kombucha für die Haarpflege

Die oben erwähnte Anleitung aus Brasilien sagt dazu: „Waschen Sie die Haare normal und spülen Sie sie dann zum Schluß mit dem Kombucha-Tee. Sie werden weich und glänzend. Diese Anwendung ist auch gut bei Haarausfall: Die Haare wachsen nach." Ich kann dafür keine Garantie übernehmen. Es wird sicher nicht in allen Fällen funktionieren, aber Sie können diesen Ratschlag ja mal ausprobieren.

Zum gleichen Thema schrieb mir E. S. vor einiger Zeit: „Haarewaschen mit Kombucha ist prima gegen Kopfjucken und Schuppen, hilft fast augenblicklich. Die Kopfhaut fettet nicht allzu schnell nach, und das Haar bekommt einen schönen Glanz. Auch den Festiger kann man sich fast sparen."

Nebenwirkungen

Hat Kombucha Nebenwirkungen? Ja - eine gute Gesundheit. Kombucha ist ein Naturprodukt und hat nicht die bei vielen aus der Retorte kommenden Arzneimittel zu erwartenden unangenehmen andauernden Nebenwirkungen. Es sind nur wenige negative Nebenwirkungen bekannt, die vor allem dann auftreten können, wenn Sie mit dem Trinken von Kombucha anfangen. Dies können sein:

- ein leicht rebellischer Magen
- leichtes Kopfweh
- stärkere Absonderung von Schweiß, der auch intensiver riechen kann
- Hautunreinheiten, Pickel
- gesteigerter Harndrang
- vermehrter Stuhlgang oder harmloser Durchfall, da Kombucha leicht abführend wirkt.

Treten solche anfänglichen Wirkungen auf, so empfiehlt es sich, die Trinkmenge zu reduzieren und das Getränk zu den Mahlzeiten zu konsumieren.

Erstverschlimmerungen sind in der Naturheilkunde nichts Ungewöhnliches. Der Heilungsprozeß ist zuweilen anfangs von einer scheinbaren Verschlechterung des allgemeinen Gesundheitsgefühls begleitet. Dies kann besonders bei Menschen auftreten, die gleichzeitig an mehreren Krankheiten leiden. Die anfänglichen Verschlimmerungen in der Startphase sind meistens ein Zeichen dafür, daß der Körper angestaute Giftstoffe ausscheidet. Man bezeichnet sie in der westlichen Naturheilkunde auch als „Heilungskrisen".

Wenn Ihr Körper ungewohnt reagiert, kann das verschiedene Ursachen haben:

- Wie bei allen Lebensmitteln kann eine allergische Reaktion gegen die organischen Säuren in Kombucha vorliegen. In diesem Fall müssen Sie möglicherweise auf Kombucha verzichten oder sich langsam an die Ihnen zuträgliche Menge herantasten.

- Es kann eine Überreaktion des Immunsystems vorliegen, das durch Kombucha stimuliert wird. Reduzieren Sie die Trinkmenge.

- Wenn wir bedenken, daß die Nieren giftiges Material aus dem Körper filtern, ist es zu verstehen, daß diese Organe durch die Überflutung mit Giftstoffen, die Kombucha aus den Zellen löst, anfänglich überfordert sind. Das gibt sich. Trinken Sie in diesem Fall anfangs etwas weniger Kombucha. Stürzen Sie nicht ein ganzes Glas voll hinunter, sondern trinken Sie Ihr Tagesquantum schluckweise tagsüber.

KAPITEL 8

Ein Blick in die Literatur

Bisherige wissenschaftliche Veröffentlichungen

Die Literatur quillt über von Veröffentlichungen, die sich mit den Heilkräften dieses Hausmittels beschäftigen. Ich versuche, einen Querschnitt über die Veröffentlichungen zu geben, die die gesundheitlichen Aspekte des Kombuchagetränks behandeln. Die Erfahrungen aus älterer Zeit wurden immer wieder durch neuere Berichte bestätigt.

Wer zu hören versteht,
hört die Weisheit heraus.
Wer nicht zu hören versteht,
hört nur Lärm.
Chinesisches Sprichwort

Literatur bis zum Jahr 1945

Regulator für Magen und Darm

Bacinskaja[90] (1914) stellte fest, daß das Getränk als Regulator für die Magen-Darm-Tätigkeit wirksam sei. Die Autorin empfahl, vor jeder Mahlzeit ein Gläschen davon zu trinken und die Portionen allmählich zu erhöhen.

ЯПО́НСКИЙ ГРИБ, «чайный гриб», толстая слоистая слизистая плёнка, образующаяся на поверхности подсахаренной жидкости; состоит из культуры 2 находящихся в симбиотич. отношениях микроорганизмов: дрожжеподобного гриба (Schizosaccharomycodes ludwigii) и бактерий (чаще Acetobacter xylinum). Гриб сбраживает сахар с образованием спирта и углекислоты, а бактерии окисляют спирт в уксусную к-ту. Жидкость (обычно 4—6%-ный раствор сахара в слабом чае) приобретает приятный кисло-сладкий вкус и превращается в слегка газированный напиток — чайный квас. Имеются данные о том, что Я. г. обладает антибиотич. свойствами и содержит нек-рые витамины.

Ein Auszug aus einer russischen Enzyklopädie, die ich in der Forschungsbibliothek im Schloß in Gotha, Thüringen fand. In Rußland werden dem alten natürlichen Hausmittel Kombucha in der Volksmedizin seit erdenklichen Zeiten Heilwirkungen nachgesagt, die von der harmlosesten Unpäßlichkeit bis zu der schwersten Erkrankung reichen.

Bei allen Krankheiten von Nutzen

Professor S. Bazarewski[91] brachte 1915 im „Correspondenzblatt des Naturforschervereins zu Riga" einen Bericht, wonach in den baltischen Provinzen Rußlands, und zwar in Livland und Kurland, unter der lettischen Bevölkerung ein Volksheilmittel verbreitet sei, das den Namen „Brinum-Ssene" führt. Wörtlich übersetzt heißt das „Wunderpilz". Diesem Pilz wird, so berichtet Bazarewski, von der lettischen Bevölkerung „eine wunderbare Heilkraft für viele Krankheiten zugeschrieben". Einige der von Bazarewski befragten Letten behaupten, daß er bei Kopfschmerz helfe, wieder andere versicherten, „daß dieser Pilz bei allen Krankheiten von Nutzen ist".

Reguliert die Darmtätigkeit und Hämorrhoiden

Prof. P. Lindner[92] berichtete, daß das Getränk hauptsächlich als Mittel gebraucht wird, um die Darmtätigkeit zu regulieren. Ferner teilt Lindner mit, daß er von dem Oberpostsekretär Wagner aus Berlin-Charlottenburg Näheres über die Heilwirkung des Teekwaß erfahren habe: „Ihm war vor Jahren in Thorn dieses Getränk als Heilmittel gegen Hämorrhoiden empfohlen worden, und er hat durch dessen regelmäßigen Genuß in der Tat Heilung gefunden."

Rheumatismus

Der Geheimrat **Prof. Dr. Rudolf Kobert**[93] entsinnt sich, daß mit dem Pilz ein „unfehlbares Mittel gegen Gelenkrheumatismus" hergestellt wurde. Metalle wie Cadmium, Palladium, Quecksilber oder Blei können den Körper sehr schädigen. Es gibt Zusammenhänge zwischen hoher Schwermetallbelastung und zum Beispiel degenerativen Gelenkbeschwerden. Immer wieder gibt es Behandlungsfälle, bei denen sich meist jahrelang vorhandene Rheumabeschwerden nach einer kurzen gründlichen Entgiftung des Körpers in kurzer Zeit zurückbildeten.[94]

Drei Zehntel heilt Medizin,
sieben Zehntel heilt Diät.
Aus China

Verstopfung und allerlei Krankheiten

Prof. Dr. Wilhelm Henneberg[95] berichtet, daß ein mit dem Teepilz bereitetes Getränk, in Rußland Teekwaß genannt, dort überall in Gebrauch ist und ein „Bekämpfungsmittel gegen allerlei Krankheiten, besonders gegen Verstopfung“ sein soll.

Arterienverkalkung

Nach **Dr. Madaus** in der „Biologischen Heilkunst“[96] hat der Pilz bzw. dessen Stoffwechselprodukte ausgezeichneten Einfluß auf die Regeneration der Zellwände und ist deshalb ein vorzügliches Heilmittel gegen Arterienverkalkung.

Verdauungsstörungen

Prof. Dr. Lakowitz[97] (1928) bestätigt die Aussage Waldecks, daß mit dem Pilztee Verdauungsstörungen schnell beseitigt werden können. Auch starke Kopfschmerzen und nervöse Störungen würden erfahrungsgemäß damit beseitigt. Lakowitz kommt zu dem Schluß: „Eine weitgehende Verbreitung des Teepilzes zwecks Verwendung und Herstellung solchen Tee-Kwaßes als Heilmittel gegen Verdauungsstörungen und allerlei Altersbeschwerden ist durchaus wünschenswert in allen Bevölkerungskreisen, ebenso seine Züchtung und Weitergabe durch die Apotheken und Drogerien.“

Entschlackung und Steigerung der Leistungsfähigkeit

In der „Weißen Fahne, Zeitblätter zur Verinnerlichung und Vergeistigung“[98] (1928) wird berichtet: „Der erfrischende Geschmack des Teegetränks gefällt allgemein, und die Wirkung ist, soweit sich dies in der kurzen Versuchszeit schon sagen läßt, eine sehr gute. Der Geschmack des vergorenen Tees ist sehr angenehm, er erinnert etwas an leicht moussierenden Wein oder süßen Most. - Die Wirkung des Tees zeigt sich zumeist sehr schnell, er wirkt vor allem blutreinigend und schlackenlösend und soll, wie es unsere Gesinnungsfreundin schreibt, auch bei bösen Gesichtsausschlägen vorzügliche Dienste leisten. Weiter wirkt er, ärztlichen Gutachten und Urteilen zufolge, vorzüglich bei ständigen Kopfschmerzen, Gliederschmerzen, Gicht, Rheumatismus, sowie bei sonstigen Altersbeschwerden. Die generelle Wirkung des Teepilzes zeigt sich schon nach einigen Wochen in allgemeiner Besserung des Gesamtbefindens und in der Hebung der Leistungsfähigkeit, die auch mit auf die hohe Vitamin- und Hormonwirkung des Pilzes zurückzuführen sein dürfte, was im übrigen auch von Ärzten betont wird.

Weiter regt der Pilz, ähnlich wie das Vitamin R, in vorzüglicher Weise den Stoffwechsel an und hilft so zur Entschlackung des Körpers, d.h. zur Ausscheidung von Krankheitsstoffen aller Art."

Arterienverkalkung, Gicht, Darmträgheit, Kopfweh, Schwindel

Dr. Maxim Bing(99) (1928) empfiehlt Kombucha als „sehr wirkungsvolles Mittel zur Bekämpfung von Arterienverkalkung, Gicht und Darmträgheit". Bei Verwendung frischer, guter Kulturen trete eine „günstige Wirkung ein, die sich bei Arterienverkalkung im Sinken des Blutdrucks, Aufhören der Angstgefühle, der Reizbarkeit und der Schmerzen, des Kopfwehs, Schwindels usw. äußert. Die Darmträgheit und ihre Begleiterscheinungen können ebenfalls rasch gebessert werden. Bei Verkalkung der Niere und der Haargefäße des Hirns erzielt man besonders günstige Ergebnisse, während Herzgefäßverkalkungen weniger günstig beeinflußt wurden."

Arterienverkalkung, Gicht

Bing erklärt sich den Wirkmechanismus des Kombuchatees auf seine Weise. Er hatte beobachtet, daß der Teepilz auf Schwarztee (Anmerkung: ebenso auf dem grünen, also dem unfermentierten Schwarztee) besonders gut gedeiht. Nun enthält aber, wie Bing weiß, der Schwarztee „die meisten Purine, darunter auch solche, wie sie im menschlichen Stoffwechsel vorkommen. Diese Purine sind chemische Körper, die aus den sogenannten Nukleinsäuren entstehen. Diese wiederum sind Bestandteile jener Eiweißstoffe, die den Kern der Zellen bilden. Mit der Nahrung nehmen wir täglich große Mengen Nukleinsäuren auf, aus denen sich im Laufe der Verdauung die Purine abscheiden. Unter den Purinen steht an erster Stelle die Harnsäure, von welcher der gesunde, erwachsene Mensch täglich etwa ein halbes Gramm entleert. Bei Arterienverkalkung und Gicht hält der Körper häufig Harnsäure zurück. Diese kreist im Körper als sehr schwer lösliches Mononatriumurat. Das Urat neigt dazu, sich in gewissen Geweben abzulagern, insbesondere an erkrankten Aderwänden, Nierenkanälchen oder Gelenken."

Aus der Tatsache, daß der Teepilz besonders in dem purinhaltigen Schwarztee gut gedeiht, schloß Bing, daß die Mikroorganismen der Kombucha die Purine für ihren Stoffwechsel brauchen und sie assimilieren. Er folgert, daß sie das auch im menschlichen Körper tun und dort jene Stoffe, die im Wasser schwer löslich sind, also auch die Harnsäure, zu leicht wasserlöslichen Verbindungen (Alloxan und Harnstoff) verarbeiten. Alloxan und Harnstoff verlassen den Körper dann mit dem Urin. Mit diesem Ausscheidungsmechanismus erklärte sich Dr. Bing die günstige Wirkung von Kombucha bei Gicht und Arterienverkalkung.

Cholesteringehalt sinkt

E. Dinslage und W. Ludorff[100] (1927) meinen gemäß einer Mitteilung aus dem Nahrungsmittel-Untersuchungsamt der Landwirtschaftlichen Versuchsstation Münster/Westfalen, daß die berichteten Heilerfolge auf den Säuregehalt zurückzuführen sein dürften. Gesundheitsschädigungen seien „bei sachgemäßer, insbesondere nicht zu weitgehender Vergärung und Verwendung hygienisch einwandfreier Gärgefäße nicht zu befürchten."

Dr. Siegwart Hermann[101] (1929) schildert beeindruckende Erfolge bei Tierversuchen mit Katzen. Er gab den Versuchstieren gleichzeitig Vigantolöl und Kombuchal-Sirup (ein Kombucha-Konzentrat). Von den 7 Katzen überstehen 5 den Versuch bei guter Gesundheit. Die 9 Kontrolltiere, denen er die gleiche Vigantolmenge, aber ohne Kombuchal gegeben hatte, gehen alle nach 4 Wochen ein. Ferner können zwei Katzen nach schwerer Vigantolvergiftung gerettet werden. Bei den vigantolkranken Katzen ist der Cholesteringehalt im Blut stark erhöht, bei gleichzeitiger Kombuchaltherapie ist der Cholesterinspiegel jedoch normal oder nur geringfügig erhöht. Dies ist deshalb interessant, weil auch bei menschlicher Arteriosklerose ein erhöhter Blutcholesterinspiegel vorliegt. Hermann zieht aus seinen Versuchen das Resümee: „Sowohl die Beobachtungen der Ärzte am Krankenbett, als auch das Tierexperiment zeigen, daß die vom Volk angegebenen Wirkungen im großen und ganzen gut beobachtet worden sind."

Arteriosklerose und Angina pectoris

Professor Dr. W. Wiechowski[102] (1928), damals Vorstand des Pharmakologischen Instituts der deutschen Universität in Prag, widmete der Kombuchafrage eine interessante Abhandlung mit dem Titel „Welche Stellung soll der Arzt zur Kombuchafrage einnehmen?". Nach Wiechowskis Erfahrungen stellen vor allem arteriosklerotische Altersbeschwerden das Anwendungsgebiet der Kombucha dar. Er erwähnt „Erfahrungen, welche dafür sprechen, daß die Kombucha auch imstande ist, die überaus quälenden Anfälle von Angina pectoris zu beeinflussen". Außerdem besitze das völlig harmlose Mittel eine leicht abführende Wirkung. Im besonderen teilt Wiechowski Befunde mit, die Prof. Paul (Wien) bei Zuckerkrankheit gefunden hat.

Quälende Beschwerden beseitigt ohne wissenschaftliche Erklärung

Wiechowski äußert eine für meine Begriffe bemerkenswerte Haltung der medizinischen Wissenschaft zu Kombucha: „Wie schon erwähnt, widerspricht es keineswegs den Grundsätzen der wissenschaftlichen Heilkunde, ein Heilmittel zu verwenden, über dessen Wirkungsart die experimentelle Pharmakologie noch nichts zu ermitteln imstande gewesen ist. Im Gegenteil sehen wir vielfach, daß längst in der Therapie verwendete Arzneimittel erst verhältnismäßig spät durch die experimentelle Pharmakologie hinsichtlich des Wesens ihrer Wirksamkeit aufgeklärt worden sind. (...) Da es sich bei der Kombucha um ein völlig harmloses Mittel handelt, besteht kein Anlaß, die Bevölkerung vor seiner Anwendung, welche vorläufig eher eine diätetische als therapeutische zu nennen ist, zu warnen.

Die Tatsache, daß bei zahlreichen Personen oft quälende subjektive Beschwerden durch den regelmäßigen Gebrauch der Kombucha beseitigt werden konnten, müßte allein genügen, die Verwendung dieses Mittels schon im gegenwärtigen Stadium einem möglichst großen Kreise der Bevölkerung zugänglich zu machen, ganz unabhängig davon, ob die wissenschaftliche Heilkunde eine Erklärung für die Wirksamkeit zu geben imstande ist oder nicht."

Dummheit ist nicht: wenig wissen.
Auch nicht: wenig wissen wollen.
Dummheit ist: glauben, genug zu wissen.
A. J. Daniel (amerik. Schriftstellerin, 1921-1982)

Klinische Versuche in Prag

Der Pharmakologe **Wiechowski** gewann die Überzeugung, daß die beim Genuß des Kombuchagetränks erzielten unbestreitbaren Heilerfolge nicht auf Suggestion, sondern auf einer tatsächlich therapeutischen Einwirkung des Getränks auf den menschlichen Organismus beruhen. Prof. Wiechowski selbst hatte sich über die unbestrittenen Heilerfolge des Kombuchagetränks bei den Versuchen überzeugt, welche auf der internen Klinik des Prof. Dr. Jaksch in Prag vorgenommen worden waren.

Verdauung, Gicht, Rheuma, Arteriosklerose

Dr. L. Mollenda[(103)] (1928) berichtet, daß sich das Kombuchagetränk insbesondere bei Störungen der Verdauungsorgane bewährt habe, deren Funktion es geradezu normalisiere. Außerdem habe sich das Getränk bei Gicht, Rheumatismus und verschiedenen Stadien der Arteriosklerose bewährt. Über weitere Anwendungsmöglichkeiten schreibt er: „Bei der Angina, insbesondere wenn es sich um Belag bei den Mandeln handelt, muß nicht nur dem Getränk gegurgelt, sondern dasselbe auch getrunken werden, und zwar zwecks Vernichtung der Bakterien, welche mit Speisen und Getränken in den Magen gelangten. Das Gurgeln führt bei der Angina schnelle Gesundung herbei, und bei Gichtschmerzen und Arteriosklerose wurden auch bei schweren Fällen staunenswerte Erfolge erzielt.(...) Das Getränk, wenn dasselbe auch sauer ist, ruft keine Übersäuerung des Magens hervor, dasselbe erleichtert und fördert merklich das Verdauen auch der schwer verdaulichen Speisen. Gleich günstige Erfolge nach der Einnahme des Kombuchagetränks wurden auch bei gichtigem Ausschlag (Ekzem) und bei Nieren-, Harn- und Gallensteinen erzielt."

Müdigkeit, Abgespanntheit, Nervosität, Alterserscheinungen

Dr. E. Arauner(104) (1929) berichtet über verschiedene ärztliche Gutachten und Urteile und kommt zu folgender Wertung: „Zusammenfassend kann man sagen, daß der Teepilz bzw. das durch denselben gebildete Extrakt als vorzügliches Vorbeugungsmittel gegen Zuckerkrankheit, namentlich aber gegen Alterserscheinungen, wie Arterienverkalkung, hohen Blutdruck mit Folgeerscheinungen, wie Schwindel, Gicht, Hämorrhoiden, sich bewiesen hat und zum mindesten ein angenehmes Abführmittel ist". Dr. Arauner berichtet, daß der Teepilz in seiner Heimat bei den Asiaten wegen seiner überraschenden Heilerfolge seit Jahrhunderten als wirksamstes natürliches Volksheilmittel bei Müdigkeit, Abgespanntheit, Nervosität, beginnenden Alterserscheinungen, Arterienverkalkung, Darmträgheit, Gicht und Rheumatismus, Hämorrhoiden, Zuckerkrankheit im Gebrauch ist.

Ausgezeichnete Wirkung auf die allgemeine Körperfunktion

Arauner berichtet noch, daß der Teepilz in den letzten Jahren, wahrscheinlich durch Kriegsgefangene, nach Deutschland gekommen war und daß nicht nur Professoren, Ärzte und Biologen die überraschenden Heilerfolge bestätigt haben, sondern daß auch aus dem Kreis derjenigen, die das Teepilzgetränk eingenommen haben, Berichte über „ganz ausgezeichnete Wirkung auf die allgemeine Körperfunktion" vorliegen.

Für Sportler und Geistesarbeiter sehr zu empfehlen

Der damalige Direktor der Staatlich anerkannten Drogisten-Akademie Braunschweig, **Hans Irion**, sagt in seinem „Lehrgang für Drogistenfachschulen"(105) (1944): „Durch den Genuß des Getränks, welches als Teekwaß bezeichnet wird, findet eine auffallende Belebung des gesamten Drüsensystems des Körpers und eine Förderung des Stoffwechsels statt. Der Teekwaß wird als vorzügliches Vorbeugungsmittel gegen Gicht und Rheumatismus, Furunkulose, Arterienverkalkung, hohen Blutdruck, Nervosität, Darmträgheit und Alterserscheinungen empfohlen. Auch für Sporttreibende und geistig angestrengt Arbeitende ist er sehr zu empfehlen. Durch die Förderung des Stoffwechsels im Körper wird übermäßiger Fettansatz verhindert oder beseitigt. Es gelangen mit dem

Getränk auch Mikroorganismen in den Körper, welche schädliche Ablagerungen, wie Harnsäure, Cholesterin u.a. in leicht lösliche Form überführen und so beseitigen. Darmfäulnisbakterien werden unterdrückt."

Anwendung im russischen Krankenhaus zu Omsk

Die erste Darstellung in Buchform, die den Teepilz zum Thema hat, erschien 1954. Das 54seitige Büchlein ist in russischer Sprache geschrieben und trägt den Titel „Cajnyj grib i ego lecebnye svojstva[106]" (Der Teepilz und seine therapeutischen Eigenschaften). Der Autor **G. F. Barbancik** weist in einer Einführung auf die erstmalige Anwendung des Teepilzabgusses (im Jahre 1949) als Heilmittel an der therapeutischen Klinik des Omsker Krankenhauses für Wasserarbeiter hin. Er faßt die wichtigsten Ergebnisse, vor allem russischer Autoren, zusammen, die mit dem Teepilz als Heilmittel erreicht wurden. Er berichtet von erfolgreicher Anwendung bei Mandelentzündung, inneren Erkrankungen verschiedener, besonders entzündlicher Art, Magenkatarrh bei mangelhafter Säureproduktion, Entzündungen des Dünn- und Dickdarms, Ruhr, Arterienverkalkung, Bluthochdruck, Sklerose usw.

Neuere Literatur nach 1945

Moderne Forschung bestätigt alte Heilwirkungen

Kombucha stärkt die Abwehrkräfte

Die russische Forscherin **Prof. L.T. Danieljan**[107] veröffentlichte im Jahr 1991 ihre Beobachtungen bei der therapeutischen Anwendung von Kombucha und berichtet von Heilungen bei Angina und Katarrh der oberen Atemwege, Arteriosklerose, Hypertonie, bakterieller Dysentrie (Durchfall, Ruhr), Verdauungsstörungen bei Kindern und der stimulierenden Wirkung des Teepilzes auf das Immunsystem.

Kombucha reguliert Darmflora und Stoffwechsel

Die Fernsehsendung „Die Sprechstunde[108]" von **Dr. Antje-Katrin Kühnemann** berichtete positiv über Kombucha. Dr. med. H. J. Rudolph,

Klinik für Naturheilkunde der Freien Universität Berlin sagte über das Getränk: „Man kann annehmen, daß durch den Tee gewisse regulierende Einflüsse auf die Darmflora entstehen und darüber hinaus kann auch durchaus eine anregende Wirkung auf den Stoffwechsel und vielleicht sogar auf das Immunsystem entstehen."

Kombucha trinken - den Körper entgiften

Es wird berichtet, daß Studien von **Dr. med. Erich Rebholz**, Chefarzt am Naturheilzentrum Gaggenau, ergeben haben:[(109)]

- Wer Kombucha trinkt, scheidet über den Urin die Umweltgifte wie Quecksilber, Blei und Benzol wieder aus
- Magen-Darmprobleme jeglicher Art - Völlegefühl, Verstopfungen, Blähungen, Beschwerden nach Medikamentenbehandlung - werden rasch beseitigt.

Dr. Rebholz sagt:[(110)] „Die im Kombucha-Tee enthaltende Glucuronsäure senkt das Cholesterin im Blut, weil sie die Zahl der sogenannten Chyloikrone verringert - dabei handelt es sich um kleine Tröpfchen, die das Fett im Blut transportieren."

Im Magen-Darm-Bereich findet eine vorteilhafte Milieuverschiebung statt

In einer Fernsehsendung des Westdeutschen Rundfunks[(111)] antwortete **Prof. emer. Manfred Rimpler** von der Medizinischen Hochschule Hannover, auf die Frage nach dem gesundheitlichen Nutzen von Kombucha: „Da würde ich als allererstes zunächst mal den Magen-Darm-Bereich ansprechen. Durch die Eigenschaften des Kombucha-Tees ist gewährleistet, daß eine Milieuverschiebung stattfindet." Diese wirke sich vorteilhaft für den Organismus aus, was speziell bei der Leistungsfähigkeit von Sportlern auf dem Laufband festgestellt wurde.

Bewiesen: Regulierung des Immunsystems kein Placeboeffekt

Vitalität durch Kombucha? Ob sich das auch im Blutbild zeigt? Dieser Frage wurde in der genannten Fernsehsendung des WDR ebenfalls nachgegangen und berichtet, daß an der **Medizinischen Hochschule Hannover** Blutproben von 24 Versuchspersonen getestet wurden, die einen

Monat lang täglich 0,4 Liter Kombucha oder aber einen Placebosaft zu trinken bekamen. Die Testergebnisse zeigten, daß Kombucha anscheinend das Immunsystem stärkt: „So pendelten sich bei Kombuchatrinkern die Werte von Immunzellen, die vorher erhöht oder erniedrigt waren, innerhalb einer Woche wieder im gesunden Bereich ein." **Prof. Rimpler** sagt, daß Kombucha die Bildung eines wichtigen Botenstoffes im Blut anregt und fährt fort: „Das fördert wiederum die Entstehung von Abwehrzellen, die Krebszellen erkennen und zerstören können. Und je mehr es von diesen freundlichen 'Killerzellen' im Körper gibt, desto höher ist die Wahrscheinlichkeit, daß unser Immunsystem Tumorzellen erfolgreich bekämpfen kann."[(112)]

Adaptogene verbessern die Anpassung an belastende Bedingungen

Die Testergebnisse der Hannoveraner Mediziner bestätigen die Feststellung von **A. Bartholomew**[(113)]: Kombucha ist, biochemisch gesprochen, ein Adaptogen, wie zum Beispiel auch Ginseng und die Taigawurzel (Eleutherococcus senticosus). Adaption ist der Vorgang der Anpassung. Ein bekanntes Beispiel ist die Adaption des Gesichtssinnes an wechselnde Lichtverhältnisse durch Änderungen der Pupillenweite. Bei der Adaption reagiert der Organismus regulierend auf die unterschiedlichsten Reizeinwirkungen, wie z.B. Streß und Infektionen. Ein Adaptogen ist eine wirksame Substanz, die Streß abbaut und unabhängig von der jeweiligen Belastungssituation ein ausgeglichenes Energieniveau herstellt. Ein Adaptogen trägt dazu bei, alle Systeme des Organismus zu normalisieren und eine gleichbleibende Energieversorgung sicherzustellen. Damit werden die Anpassungsfähigkeit eines Organismus an unterschiedliche äußere oder innere Störungen verbessert.

Ein Adaptogen besitzt die einzigartige Fähigkeit, die Körperfunktionen zu normalisieren. Ist beispielsweise der Blutzuckerspiegel zu tief gesunken oder erhöht oder der Blutdruck zu hoch gestiegen oder zu niedrig, vermag ein **Adaptogen**, die Körperwerte wieder zu normalisieren.

Die Eigenschaft als Adaptogen verleiht Kombucha die Fähigkeit, Ausdauer und Leistungsfähigkeit zu steigern und auf einem gehobenen Niveau zu halten. Als Adaptogen trägt Kombucha anscheinend dazu bei, alle Systeme des Organismus zu normalisieren und eine gleichbleibende Energieversorgung sicherzustellen. Der adaptogene Effekt des Kombuchagetränks wird am deutlichsten sichtbar bei seiner regulierenden Wirkung auf die Leber, das Blut und das Verdauungssystem, wo es die Säure-Basen-Balance normalisiert. Dabei ist bis jetzt nicht klar, ob die Wirkung als Adaptogen durch Kombination der Inhaltsstoffe zustande kommt oder einzelne Stoffe eine spezielle Wirkung aufweisen. Zu beachten ist, daß die Wirkung nicht schlagartig einsetzt.

Als tägliches Getränk wärmstens empfohlen

Der **Apotheker Bergold**[114] von der Waischenfelder Apotheke schreibt in den sechziger Jahren, der Teepilz werde „als tägliches Getränk wärmstens empfohlen bei Stoffwechselerkrankungen (Gicht, Rheumatismus, Hämorrhoidalleiden), frühzeitiger Arterienverkalkung und deren Begleiterscheinungen, gegen körperliche und geistige Ermüdung (durch Überarbeitung, in der Landwirtschaft, beim Sport), zur Anregung der Darmtätigkeit (Verstopfung, Fettleibigkeit, Völlegefühl), zur Hebung des Allgemeinbefindens (Sexualschwäche) und in der Rekonvaleszenz."

Allgemeine Abwehrschwäche ist eines der Hauptanwendungsgebiete

Allgemeine Abwehrschwäche ist eines der Hauptanwendungsgebiete des Kombuchagetränks, sagt **Dr. Helmut Golz**:[115] „Das apfelweinartige Kombucha-Teegetränk regt nicht nur an, es ist ein vorzügliches vitalisierendes und tonisierendes Kräftigungsmittel, mit dem man körperliche und seelisch-nervliche Tiefs überwinden kann; durch eine besondere Aktivierung körpereigener Abwehrkräfte eignet sich Kombucha gut zur Stabilisierung des Immunsystems."

Die Enzyme regulieren den gesamten Stoffwechsel

In Kombucha sind Enzyme enthalten, die die Aufspaltung der Nahrung unterstützen und den gesamten Stoffwechsel regulieren. Dazu **Prof. Dr. Dr. Karl Heinz Schmidt**[116], Leiter der Präventivmedizin an der Universität Tübingen: „Kombucha ist ein komplex zusammengesetztes Getränk. Denken wir nur an die Enzyme, die dort wirksam sind. Also Biokatalysatoren, die für bestimmte Stoffwechselumsetzungen sehr wichtig sind. Dann ist es völlig klar, daß sie Stoffwechselprozesse im Darm anregen können, die Sie ohne dieses Getränk nicht hätten."

Die wertvollen Milchsäurebakterien sanieren den Darm

Die körpereigenen Abwehrkräfte werden durch die wertvollen Milchsäurebakterien in Kombucha gestärkt. Sie sanieren das Bakterienmilieu im Darm und sorgen dafür, daß schädliche Krankheitserreger sich nicht festsetzen können. **Prof. Dr. Ulf Stahl**[(117)], Mikrobiologe und Leiter des Instituts für Gärungsgewerbe und Biotechnologie der Technischen Universität Berlin, hält sehr viel von dem traditionsreichen Naturgetränk: „Kombucha ist ein biologisches Getränk. Die vielfältigen Teekräuter haben alle oder vielfach eine Heilwirkung, d.h. sie sind nicht nur für bestimmte Gebrechen gut, sondern steigern einfach das Wohlbefinden durch die verschiedensten Inhaltsstoffe aus dieser Kräuterteemischung auf der einen Seite. Und nun kommen die Mikroorganismen dazu. Das ist einerseits Hefe, zweitens sind das Essigsäurebakterien und insbesondere die Milchsäurebakterien."

Kombucha bringt die Immunwerte ins Lot

Nicht nur in der Naturmedizin wird Kombucha therapeutisch zur allgemeinen Stärkung der Abwehrkräfte eingesetzt. An der **Bad Reichenhaller Salus-Klinik**, die sich intensiv mit der Behandlung von Hautkrankheiten und Allergien befaßt, ergab ein Patiententest, daß das regelmäßige Trinken von Kombucha innerhalb einer Woche die Immunwerte wieder ins Lot bringen kann. Zu gleichen Ergebnissen kommen auch die Wissenschaftler der Medizinischen Hochschule Hannover. **Prof. Dr. emer. Manfred Rimpler**: „Blutproben haben ergeben: Kombucha fördert die Entstehung von Abwehrzellen und stärkt das Immunsystem."[(118)]

Stärkung des Immunsystems

Dr. G. E. Schuitemaker[(119)] schreibt 1988: „Degenerationskrankheiten gehen mit einer Schwächung des Immunsystems einher. Stärkung des Immunsystems stellt den Hauptaspekt in der Behandlung dar. Pilze, wie der Kombucha-Pilz, scheinen die dazu benötigte Wirkung in großem Maße zu besitzen. (...) Eines der wenigen Produkte, das die nötigen

Nährstoffe enthält und zudem eine direkte Wirkung auf das ökologische System ausübt, ist der Kombucha-Pilz. (...) Die symbiotische Kultur des Kombucha reguliert die Flora des Körpers. Zusätzlich enthält Kombucha verschiedene Säuren, die die Wirkung dieser symbiotischen Kultur unterstützen: Milchsäure, Gluconsäure, Glucuronsäure und Essigsäure. Zudem besitzen diese Stoffe eine inherente therapeutische Wirkung, auch bei Krebs."

Schmeckt gut und tut gut

Der **Heilpraktiker Jost Küßner** aus Mülheim: „Selten gibt es Heilmittel, die neben sehr hoher Effizienz noch hervorragende geschmackliche Qualitäten mit sich bringen. In Verbindung mit verschiedenen anderen Therapieformen habe ich mit dem Kombucha-Getränk (...) sehr gute Erfolge erzielt. Das Einsatzgebiet reicht von Stoffwechselstörungen wie etwa der Gicht über erhöhte Blutfettwerte, Hautkrankheiten, Übergewicht und Müdigkeit bis zu schweren Fällen rheumatischer Gelenkerkrankungen."

In jedem Falle verbessert sich die Lebensqualität

Der **Heilpraktiker P. J. Kloucek**(121) in Regensburg meint: „Die Heilwirkung dieses Mittels ist so stark, daß es auch in der Krebsnachsorge oder bei Rheuma gute Erfolge erzielen kann. (...) Die meisten Menschen, auch die, die keine Beschwerden spüren, haben heutzutage einen gestörten Stoffwechsel, aus dem mit der Zeit die schwersten Leiden hervorgehen können. Bringt man diesen Stoffwechsel rechtzeitig in Ordnung, wird solchen Erkrankungen häufig vorgebeugt." (...) „In jedem Falle verbessert sich die Lebensqualität des Patienten", meint der Heilpraktiker bescheiden.

Die Heilige Hildegard plädiert für ein Gläschen Vergorenes

Die **Heilige Hildegard von Bingen** plädiert für „ein Gläschen Vergorenes, wenn die Müdigkeit aus den Knochen ist." Heute hätte sie vielleicht Kombucha bevorzugt, spekuliert L. Stolze in der Zeitschrift „Schrot & Korn".(122)

Bei Rheuma habe ich mit Kombucha weltweit Erfolge

„Bei Rheuma habe ich mit Kombucha weltweit Erfolge", sagt der deutsche **Heilpraktiker Prof. Dr. Winfried Laakmann**. Professor Laakmann ist auch Direktor der Universität San Salvador (Mittel-Amerika) für Naturheilkunde und Homöopathie. „Ich hatte schon Patienten, die morgens nicht mehr vor Rheuma-Schmerzen aus dem Bett kamen. Ihre Gelenke waren steif. Ich verschrieb ihnen Kombucha. Der Erfolg: Nach einem Monat konnten sie ihre Gelenke wieder schmerzfrei bewegen."(123)

Schädliche Ablagerungen werden abgebaut

„Der Teepilz Kombucha ist ein regelrechter Virenkiller", sagt **Dr. Reinhold Wiesner** aus Schwanewede. „Über die Leber entgiftet er den gesamten Organismus. Schädliche Ablagerungen wie Harnsäure, Cholesterin (kann zum Herzinfarkt führen) werden dadurch abgebaut." Der Landarzt behandelt mit Kombucha Rheuma und Stoffwechselkrankheiten. „Kombucha hat keine Nebenwirkungen," sagt er.(124)

Iranische Ärztin: Dieses Getränk ist die perfekte Therapie

Frau **Dr. Soraya Shantiay** im Iran ist praktizierende Ärztin. Sie veröffentlichte einen Bericht mit der Überschrift „Kombucha hemmt bösartiges Zellwachstum" („Kombucha inhibits malignant cellgrowth") in der iranischen Zeitschrift „Barg-e-sabs"(125). In einem persönlichen Brief schrieb sie mir:

„Ich habe Kombucha an meine Patienten weitergegeben. Die Ergebnisse sind gut und die Patienten sind sehr zufrieden. Kombucha wurde mit gutem Erfolg angewandt bei Prostatabeschwerden, rheumatoider Arthritis, Knochenmark-Krebs (marrow cancer), Fasergeschwulst im Uterus (Fibroidin uterus), Bindegewebsentzündung in der Lunge (Fibrosis in lung) usw. Es traten keinerlei Beschwerden auf. Kombucha konnte äußerst erfolgreich angewandt werden, so daß man dieses Getränk als die perfekte Therapie bezeichnen kann. Ich trinke Kombucha selbst jeden Tag. Durch Ihr Buch wurde Kombucha überall bekannt. Ich werde versuchen, Sie über den Nutzen von Kombucha im Iran auf dem laufenden zu halten." Den englischen Originaltext finden Sie auf meiner Internet-Seite http://www.kombu.de/testimon.htm

Maßgeblicher Entgiftungsfaktor: Kombucha

Dr. W. Blumenschein[126] schreibt zu Maßnahmen zur Entgiftung und Ausleitung: „Als maßgeblicher Entgiftungsfaktor wirkt im Organismus auch die Glucuronsäure. Hier sei auch auf den Einsatz von Kombucha-Zubereitungen aufmerksam gemacht."

Dr. Sklenars Krebstherapie

Der Arzt **Dr. Rudolf Sklenar** aus Lich/Oberhessen berichtete 1964 in der Zeitschrift „Erfahrungsheilkunde"[127] über seine Diagnosemethoden und schreibt über seine Therapieerfolge: „Ein hervorragendes Naturmittel ist die Einnahme eines Pilzgetränks namens Combucha, welches entgiftend in jeder Hinsicht wirkt und Mikroorganismen sowie Harnsäure und Cholesterine auflöst." Dr. Sklenar hatte eine biologische Krebstherapie entwickelt, in der Kombucha neben anderen biologischen Mitteln wie Colipräparaten zur Sanierung der Darmflora eine wichtige Säule darstellt. Die Diagnose- und Therapiemethoden Dr. Sklenars bei Krebs und anderen Stoffwechselkrankheiten finden Sie in Rosina Faschings Buch „Unser pH-wertes Leben" aus dem Ennsthaler Verlag ausführlich beschrieben.

In einer 8seitigen Kleinschrift mit dem Titel „Krebsdiagnose aus dem Blut und die Behandlung von Krebs, Präkanzerosen und sonstigen Stoffwechselkrankheiten mit der Kombucha und Colipräparaten" berichtet Dr. Sklenar, daß vor allem Vitamine, Milchsäuren und Glucuronsäure als wirksam angesehen werden. Es komme zur „Vernichtung von Mikroorganismen (Viren, Bakterien, Pilze) und zur Auflösung von Schlacken und schädlichen Ablagerungen (Harnsäure, Cholesterin usw.)." Kombucha bewirke „eine eminente Entgiftung des Organismus". Durch den Genuß des Getränks finde weiter eine „auffallende Belebung des gesamten Drüsensystems und eine Förderung des Stoffwechsels statt".

Dr. Sklenar berichtet, daß er folgende Krankheiten mit dem Teepilz erfolgreich behandeln konnte: „Gicht, Rheuma, Arteriosklerose, Arthritis, Dysbakterie, Darmträgheit, Impotenz, unspezifischer Ausfluß, Fettsucht, Furunkulose, Nierensteine, Cholesterin, Krebs und vor allem seine Vorstadien usw.".

Leben ohne Krebs

Der Naturheilkundige **A. J. Lodewijkx** aus Ermelo in den Niederlanden schreibt über Kombucha in seinem sehr empfehlenswerten Buch „Leben ohne Krebs“ (in niederländischer und deutscher Sprache erhältlich): „Der Kombucha-Pilz hat also stark antiseptische Eigenschaften. Der Tee reinigt das Drüsensystem und fördert die Verdauung. Harnsäure wird durch Kombucha-Tee neutralisiert und abgeführt; deshalb ist dieser Tee ein ausgezeichnetes Mittel gegen Gicht, Rheuma, Arthritis, Nierensteine, Darmdysbakterie, vor allem aber gegen Krebs und dessen Vorstadien, da der Kombucha-Pilz einen gewaltigen Einfluß auf die krankmachenden Endobionten ausübt. Wie wir sahen sind es ja die Endobionten, die bei einem veränderten Blutsäuregrad die roten Blutkörperchen ausschalten. Kombucha ist bei allen Stoffwechselkrankheiten und bei Krebs ein unübertroffenes Getränk zur Reinigung des Körpers. Kombucha entfernt die Stoffwechselschlacken und normalisiert so den Blutsäuregrad. (...) Die Wiederherstellung des Blutsäuregrades bildet den Kern der Krebsbehandlung.“

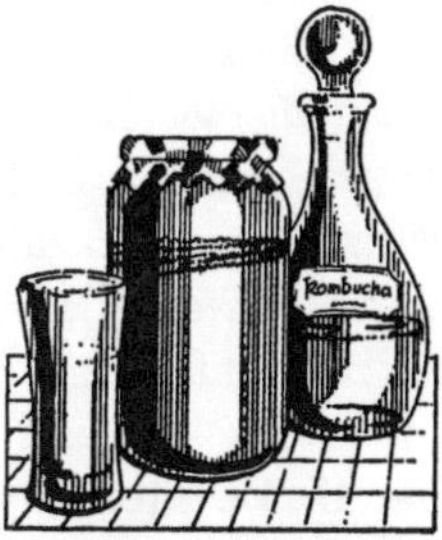

Der Krebsarzt Dr. Josef Issels verordnete Kombucha

Der durch viele Veröffentlichungen im In- und Ausland bekannte Dr. Josef Issels, der im Februar 1998 im Alter von 90 Jahren starb, schrieb mir 1 ½ Jahre vor seinem Tod in einem persönlichen Brief: „In den achtziger Jahren verordneten wir unseren Krebspatienten den Kombucha-Tee und hatten einen guten Eindruck davon. Da dieser Tee im Rahmen unserer Gesamttherapie gegeben wurde, kann ich seine Wirkung jedoch nicht spezifizieren. (...) Wir haben hier (Anmerkung: Dr. Issels war nach seiner Zurruhesetzung im Jahr 1986 in die USA ausgewandert) wieder begonnen, den Tee anzusetzen und ich habe Ihr Buch mit Interesse gelesen. Da eine Reihe hiesiger Ärzte an unserer Therapie interessiert sind, möchte ich sie auch mit der Wirkung der Glucuronsäure und der Rechtsmilchsäure bekannt machen.“[128]

Dr. Issels hatte im Jahre 1951 seine Ringbergklinik in Rottach-Egern am Tegernsee eröffnet. Im Gegensatz zur vorherrschenden Meinung, Krebs sei eine lokale Krankheit, war Dr. Issels der Ansicht, Krebs sei eine Krankheit des ganzen Körpers. Seine pluralistische Methode stützte sich auf zwei wichtige Grundlagen: Erstens auf die Nahrung und zweitens auf die Entfernung aller Infektionsherde im Körper. Von herausragender Bedeutung sind nach Dr. Issels schließlich Maßnahmen zur Wiederherstellung leistungsfähiger Entgiftungs- und Ausscheidungsfunktionen des Organismus.[(129)] Wesentlich sind Bemühungen, Darmfunktion und Darmmilieu zu beeinflussen und Entgiftungsleistungen der Leber zu optimieren.

Frau Dr. Veronica Carstens: Trinken Sie den Pilztee täglich

Frau Dr. Veronika Carstens (1987), die Ehefrau des ehemaligen Bundespräsidenten der Bundesrepublik Deutschland, empfiehlt Kombucha in einer Serie mit dem Titel „Hilfe aus der Natur - meine Mittel gegen den Krebs" mit den Worten: „Die Kombucha entgiftet den Organismus und fördert den Stoffwechsel; dadurch verbessert sich die Abwehrleistung."[(130)]

In einem anderen Beitrag sagt Frau Dr. Veronika Carstens: „Ich arbeite ebenfalls mit Kombucha. Besonders die Milchsäure im Kombucha Tee ist wichtig für die Behandlung von Krebskranken. Ich rate allen Patienten: Trinken Sie den Pilztee täglich, auch wenn es nur ein Glas ist. Er hilft bei vielen Krankheiten."

Kombucha - Der Krebskiller?

Ich verspreche niemandem, daß er durch Kombucha von Krebs geheilt wird. Das verbietet sich schon aus ethischen Gründen. Krebs kann vielerlei Ursachen haben:

- **Ernährungsbedingte Ursachen.** Konsequenz: Die Ernährung ist auf vollwertige Kost umzustellen. In der orthomelukularen Naturheilkunde hat die Nahrung einen zentralen Stellenwert. Unter anderem wird auch Kombucha eingesetzt, um Stoffwechselschlacken zu entfernen und den Blutsäuregrad zu normalisieren.
- **Lebensbedingte Ursachen.** Konsequenz: Der Patient muß - soweit möglich - seine Konflikte bereinigen und in Frieden mit sich selbst und

seinen Mitmenschen kommen
- **Umweltbedingte Ursachen.** Konsequenz: Schädliche Einflüsse sollten soweit wie möglich, ausgeschaltet werden.

Dr. A. Vogel schreibt sehr treffend[131]: „Stellen wir uns bei der Krebserkrankung einen Wagen vor, der im Schlamm stecken geblieben ist. Es ist unmöglich, durch eine einzelne Hilfeleistung einen solchen Krebswagen aus seinem mißlichen Zustand wieder herausziehen zu können. Viele Ursachen haben zu seiner üblen Lage beigetragen, weshalb es auch verschiedener Pferde bedarf, der Lage eine günstige Veränderung zu geben. Das Krebsgeschehen beruht nun einmal nicht nur auf einer alleinigen Grundlage, sondern auf mehreren, weshalb es notwendig ist, auch vielschichtig dagegen vorzugehen."

Dr. Vogel schreibt dann weiter: „Zur Kräftigung des Abwehrsystems, dem Abbau von Stoffwechselschlacken und zur Entgiftung, die dem Kombucha-Pilz zugeschrieben werden, stellt das belebende Teegetränk ein zuverlässiges Begleitmittel zur Stützung der Krebstherapie dar. Auf keinen Fall aber ist es ein 'Wundermittel', mit dem allein Krebs geheilt werden kann."

Genau so vielseitig wie die Entstehungsursachen sollte auch die Therapie von Krebskrankheiten erfolgen. Kombucha kann in der multifaktoriellen Therapie eine Rolle spielen. Es wäre jedoch verfehlt, alle Hoffnung nur auf ein einziges Mittel zu setzen, selbst wenn es noch so gute Eigenschaften hat. Grundlage muß eine kausale Behandlung sein - eine ganzheitliche biologische Krebstherapie. Hierbei spielt eine Vollwerternährung eine wichtige Rolle. Entscheidend ist aber immer auch ein intaktes Darmsystem.

Aus den erwähnten allgemeinen Auswirkungen des Kombuchagetränks kann auf eine Beeinflussung des Krebsgeschehens geschlossen werden. Wenn der allgemeine Gesamtorganismus belebt wird und die Verdauung sich bessert, kann das großen Nutzen bereiten. Dazu ein Auszug aus Sanum-Post[132]: „Die Krankenbehandlung mit Extrakten und Zubereitungen von Pilzen ist uralter Bestandteil der Volksmedizin. Zu diesen Pilzen zählt auch der hier bekanntgewordene Teepilz Kombucha. (...) Viele Jahre zuvor schon wurden zur Behandlung auch von Krebskranken gleiche Zubereitungen in Arztpraxen therapiebegleitend eingesetzt. Diese sollen sich hierbei immer wieder günstig als Stimulans für den Stoffwechsel und das Immunsystem erwiesen haben, eine Wirkung, die gerade bei Krebskranken von großem Nutzen ist.“

Kombucha aktiviert die Makrophagen

Mir liegt eine Doktorarbeit von Herrn **Harald Müller-Kehrmann**(133) vor. Müller-Kehrmann hatte die antitumorale Wirkung verschiedener Pilze untersucht. Er konnte bei Versuchen mit Kombucha-Extrakt eine verstärkte Makrophagen-Aktivierung feststellen. Die Makrophagen beteiligen sich am Abwehrkampf des Immunsystems. Von den insgesamt 60 getesteten Extrakten wurde bei sechs eine immunstimulierende Wirkung gefunden. Einer dieser sechs Extrakte war Kombucha.

Dr. Müller-Kehrmann schreibt in seiner Dissertation: „Dadurch, daß diese Symbiose relativ einfach kultiviert werden kann und es viele mögliche therapeutische Anwendungen gibt, sollte das Getränk und auch das Pilz-Bakteriengemisch selbst weiter untersucht werden.“

Heilwirkungen bei gastrointestinalen Erkrankungen

Helmut Körner berichtet in der Zeitschrift Sanum-Post(134): „Mit Zubereitungen (aus Kombucha) daraus konnten in einer neueren klinischen Studie unter ärztlicher Kontrolle mit 58 Patienten in einem Naturheilzentrum in Gaggenau auch Heilwirkungen bei gastrointestinalen Erkrankungen erzielt werden.“

Kombucha setzt körpereigene Heilprozesse in Gang

1987 hat der Arzt und Diplombiologe **Reinhold Wiesner**(135) in einer Feldstudie nachgewiesen, daß das biologische Lebensmittel Kombucha eine virushemmende Wirkung besitzt, die den Vergleich mit dem Virustatikum „Helveferon“ (12 verschiedene Interferone) durchaus standhält. Mit Hilfe des Bioresonatorentests wurde elektronisch die Potentialdifferenz in Millivolt als therapeutisch-energetische Größe einer energieliefernden Wirkung bei 246 Patienten und dem Kombucha in Kombination mit anderen Mitteln, die verabreicht wurden, gemessen. R. Wiesner stellte fest: „Die Meßwertvergleiche lassen darauf schließen, daß Kombucha die Abwehrkräfte des kranken Organismus wirksam fördert und körpereigene Heilprozesse in Gang setzt. Kombucha kann so als ein hochpotentes biologisches Lebensmittel mit virustatischer Wirkung angesehen werden, das dazu den Vorteil hat, keine unerwünschten Nebenwirkungen und Unverträglichkeiten zu erzeugen."

Mit Kombucha haben Sie eine wirkliche Apotheke im Haus

Eine Anleitung aus Brasilien (Autor nicht bekannt) verspricht: „Kombucha besteht aus lebenden Zellen, und diese zerstören die müden und kranken Zellen in unserem Körper und auch äußerlich. Wer so einen Kombuchapilz kultiviert, hat eine wirkliche Apotheke im Haus.

Kombucha kuriert die Bronchien, Arthrose, Rheuma, Diabetes, Leukämie, Entzündungen der Leber, Blase, Gebärmutter, Eierstöcke, Probleme der Nerven, reinigt und erneuert das Blut, kuriert körperliche und geistige Müdigkeit, Schlaflosigkeit, Probleme der Atmungswege, Halsentzündungen, Wunden, auch solche die schwer heilbar sind (dann empfiehlt man Kompressen), Verbrennungen ersten Grades, Anämie, reguliert zu hohen oder zu niedrigen Blutdruck, Impotenz und noch unzählige Krankheiten."

Ein Geschenk des Himmels

Gottfried Müller, der Gründer der weltweiten Salem-Kinder- und Jugenddörfer, lobt den Kombucha-Teepilz so: „Ein Geschenk des Himmels. Besonders für gesundheitliche Notzeiten."[136]

> Manche dem Kombucha-Teepilz nachgesagten gesundheitsförderlichen Eigenschaften bedürfen noch der Erforschung. Andere Wirkungsmechanismen sind jedoch durch wissenschaftliche Untersuchungen und durch Erfahrung durchaus belegt, z.B. Regulierung der Darmflora, Zellstärkung, Entgiftung und Entschlackung, Stoffwechselharmonisierung, antibiotische Wirkung, Begünstigung des Säure-Basen-Gleichgewichts.

Beide schaden sich selbst:
der zuviel verspricht und der zuwenig erwartet.

KAPITEL 9

Eine Kriminalstory über Kombucha

Krebsforschung in Rußland. Eine interessante Dokumentation über Kombuchas Geschichte in der ehemaligen UdSSR

Der folgende Bericht wurde mir persönlich von einem Mann zum Abdruck überlassen, der in den Jahren 1946 bis 1954 an der Lomonossow-Universität in Moskau und an der Militärärztlichen Akademie in Leningrad Medizin studiert hat. Er emigrierte inzwischen und lebt jetzt in Deutschland. Name und Anschrift sind mir bekannt, der Autor wünscht jedoch, daß sie nicht veröffentlicht werden. Ich bedanke mich herzlich für die Erlaubnis, diesen interessanten Hintergrundbericht abdrucken zu dürfen.

- Aus der Geschichte der Medizin der UdSSR.
- Episode von 1951 bis 1953 und Gewinne der USA daraus seit 1983
- Hintergründe des Abbruchs eines aussichtsreichen Forschungsprojektes in der Krebstherapie der Sowjetunion.
- Die Heilung des US-Präsidenten Ronald Reagan von Krebs mit Metastasen.

Die Akademie der Wissenschaften steht vor einem Rätsel

Nach dem Großen Vaterländischen Krieg (1941-1945) nahm auch in der Sowjetunion die Anzahl der Krebserkrankungen von Jahr zu Jahr sprunghaft zu. Anfang 1951 beschlossen die Akademie der Wissenschaften der UdSSR und das Zentrale Onkologische Forschungsinstitut in Moskau neben anderen wesentlichen Forschungsmaßnahmen eine außerordentlich gründliche Auswertung der statistischen Daten über die verschiedene Häufigkeit der Krebserkrankungen in den einzelnen Regionen, Bezirken und Städten der UdSSR.

Hierbei sollten die Lebensgewohnheiten und Umweltverhältnisse der Bevölkerung in den Bezirken, in denen die Krebserkrankungen besonders gering waren, besonders unter die Lupe genommen und überprüft werden.

Man wollte auf diese Weise - also fast kriminalistisch - zu neuen Erkenntnissen auf den Gebieten der Ursachen und womöglich einer wirksamen Therapie des Krebses gelangen.

Auffällig waren in dieser Hinsicht die Bezirke Ssolikamsk und Beresniki im Bereich Perm an der Kama im mittleren westlichen Ural. Hier gab es kaum Krebserkrankungen und wenn, dann nur bei Personen, die neu hinzugezogen waren. Die Umweltverhältnisse waren hier nicht viel besser als in den alten Industriegebieten. In den Bezirken Ssolikamsk und Beresniki gab es eine neue, immer mehr wachsende Industrie, die auf Grund ihrer Immissionen sehr viel gefährlicher als die alte in den anderen Teilen der Sowjetunion war: Kali-, Blei-, Quecksilber-, Asbestbergwerke und die dazugehörigen gefährlichen Verarbeitungsstätten. Die Bevölkerungsdichte war zwar wesentlich geringer, dafür die Immissionen erheblich gefährlicher. Schon damals gab es hier ein Waldsterben und ein Fischsterben in der Kama.

Es wurden zwei Explorationsteams mit je 10 wissenschaftlichen Mitarbeitern und den dazugehörigen Hilfskräften eingesetzt. Dr. Molodejew leitete das Team im Bezirk Ssolikamsk, Dr. Grigorijew das Team in Beresniki.

Die Techniken der Exploration, die sehr umfangreich und langwierig waren, sollen an dieser Stelle nicht ausführlich beschrieben werden. U. a. wurden exploriert: Die Herkunft der Bevölkerung, ethnische Unterschiede, Wohn- und Lebensverhältnisse, Eß-, Trink-, Arbeits- und Schlafgewohnheiten sowie das Freizeitverhalten, die Alterszugehörigkeiten u.v.a.m. In gar keinem Punkte wiesen die Daten dieser unzähligen Faktoren, die noch weiter aufgegliedert waren, wesentliche Unterschiede zu Populationen in anderen Gebieten der UdSSR auf.

Die labortechnischen Messungen der Industrieimmissionen und deren Auswirkungen auf Boden, Wasser, Fauna und Flora ergaben äußerst ungünstige Ergebnisse. Hätten diese ungünstigen Ergebnisse den Widerspruch zu der Tatsache, daß es hier trotzdem kaum Krebserkrankungen gab, nicht noch verschärft, so wären die Untersuchungen wahrscheinlich längst abgebrochen worden. Trotzdem brachten die langen Untersuchungen nichts Wesentliches. Auffällig war nur, daß trotz eines verhältnismäßig erhöhten Alkohol- und Nikotinkonsums die Arbeitsmoral wesentlich besser als in anderen Teilen der UdSSR war. Die Ausfallzeiten wegen Krankheit waren wesentlich geringer. Trunkenheitsdelikte waren äußerst selten. Trotz erhöhten Alkoholkonsums trat Trunkenheit so gut wie gar nicht auf. Es sah so aus, als ob die Menschen hier mehr an Alkohol vertragen konnten. Arbeits- und Produktionsnormen wurden ständig und wirklich ehrlich übererfüllt. Die allgemeine Stimmungslage in der Bevölkerung war eher gehoben. Erklärungen für alle diese Erscheinungen gab es allerdings vorerst nicht. Es bestand auch wenig Aussicht, hierfür Erklärungen zu finden.

„Pilz-Wein" sagte die alte Babuschka

An einem warmen Sommertage besuchte der Teamleiter Dr. Molodejew persönlich die Wohnung einer zu befragenden Familie. Frau und Mann befanden sich auf der Arbeit, die Kinder im Kindergarten bzw. in der Kinderkrippe. Nur eine alte Babuschka war anwesend, die den Haushalt in Ordnung brachte. Sie betreute noch mehrere verwandte Familien auf diese Weise, weshalb sie auch nicht noch zusätzlich die Enkelkinder bei sich haben konnte.

Die Babuschka bot Dr. Molodejew wegen des besonders heißen Sommertages eine Erfrischung an, die dieser dankbar annahm. Das Getränk, das Dr. Molodejew unbekannt war, empfand dieser als angenehm, erfrischend und schmackhaft. Als er sich nach der Art des Getränkes erkundigte, erklärte ihm die Alte, daß es sich um „Tee-Kwaß" handele.

Das Ding sah aus wie ein fetter Pfannkuchen, aber das Getränk schmeckte köstlich

Dr. Molodejew war erstaunt. Er kannte nur Kwaß, der durch Gärung aus Brot zubereitet wurde. Auf Nachfragen erklärte die Alte, daß „Tee-Kwaß" nicht aus Brot, sondern aus süßem Tee, der mit Hilfe des „Teepilzes" oder des „Teeschwammes" vergoren werde, entsteht. Als die Babuschka bemerkte, Dr. M. könne dies nur schwerlich begreifen, zeigte sie ihm in einer kleinen Nebenkammer etwa 10 große Steintöpfe, die nebeneinander auf Regalen standen und mit Mull- bzw. Leinentüchern zugebunden waren. Sie band einen Topf auf. Es roch stark nach Gärung. Obenauf schwamm groß, rund und flach wie ein Omelett ein graubraun gallertartiges Gebilde, das beinahe wie eine Qualle aussah. „Nicht gerade appetitanregend," meinte Dr. M. „Dafür aber sehr gesund, bekömmlich und noch dazu umsonst", entgegnete die Alte.

Anschließend beschrieb sie Dr. M. präzise das Herstellungsverfahren: In einen Steintopf füllt man 3 bis 5 Liter warmen schwarzen Tee (1 Teelöffel Tee auf 1 Liter Wasser), den man mit etwa 100 Gramm Zucker je Liter gesüßt hat. Wenn der Tee nur noch handwarm ist, legt man einen Pilz oder einen Ableger davon obenauf, nachdem man zuvor eine Tasse vom fertigem Tee-Kwaß zugegossen hat. Der Topf wird nun mit einem Leinen- oder Mulltuch zugebunden. Nach 10- bis 12tägigem Stehen (es findet ein Gärungsprozeß statt) zwischen 20 und 30 Grad C ist der neue Tee-Kwaß oder auch „Pilzwein" fertig.

Natürlich vermehre sich der Pilz von Zeit zu Zeit durch eine zylindrische Querschnittsspaltung. Man könne aber auch am Rande des Pilzes zahnradförmig drei bis vier kopekengroße (wie ein Markstück groß) Pilzstücke mit einer scharfen Klinge ausschneiden und diese in kleinen Gläsern (150 ml) auf schwarzen Tee und Kombucha-Getränk (im Verhältnis 1:1), gesüßt wie zuvor angegeben, ansetzen. Nach drei bis vier Tagen habe man neue Pilze, die man dann zunächst neu auf 2 Liter Tee mit Kombuchagetränk ansetzen könne.

Der Zar: „Gebt diesen Wein dem Volk"

Die Alte wußte sicher zu berichten, daß es im ganzen Bezirk Ssolikamsk wohl nicht eine Familie gebe, die keinen „Pilzwein" herrichte und trinke. Das sei schon seit vielen hundert Jahren der Fall. Gelehrte Reisende hätten ihn damals aus China mitgebracht. Die Chinesen hätten ihn von den Japanern bezogen. Die Gelehrten hätten diesen Pilz dem Zaren zum Geschenk gemacht, mit dem man aus Tee Wein bereiten könne. Der Zar habe nach einiger Zeit bemerkt, dieser „Wein" sei nun doch nicht nach seinem Geschmack. Er ordnete an, ihn unters Volk zu bringen mit dem Hinweis, nun könne jeder aus Tee köstlichen Wein bereiten. Der kleine Muschik sei dann nicht mehr so begehrlich und betrunken würde er von diesem „Wein" auch nicht.

Durch einen ähnlich seltsamen Zufall stieß auch das Team unter Dr. Grigorijew in Beresniki bei seinen Recherchen auf diesen sonst ziemlich unbekannten Teepilz. Lange und ausgiebige Explorationen bestätigten, daß es in beiden Bezirken kaum einen Haushalt gab, der nicht den „Teepilz" besaß, diesen merkwürdigen „Pilzwein" produzierte und in großen Mengen konsumierte. Er war hier geradezu ein billiges und bekömmliches Volksgetränk. Selbst Alkoholiker tranken ihn vor, während und nach dem Alkoholgenuß reichlich. Auffällig wurde hier, daß Trinker nach reichlichem Alkoholgenuß kaum Anzeichen von Trunkenheit zeigten. Trunkenheitsdelikte und Unfälle nach Alkoholgenuß - ob nun im Verkehr oder an der Arbeitsstätte - waren äußerst selten. Alkohol- und Tabakverbrauch waren in den untersuchten Gebieten eher höher als in anderen Bezirken der UdSSR.

Das Moskauer Zentrale Bakteriologische Institut: „Es ist Kombucha"

Nun ging es an die wissenschaftliche Auswertung der Untersuchungsergebnisse: Erschwerend war hier, daß kein Mitglied beider Teams in der Lage war, den ominösen „Teepilz" wissenschaftlich exakt zu bestimmen bzw. zu definieren. Ziemlich schnell konnte hier das Moskauer Zentrale Bakteriologische Institut helfen. Auf Grund von Farbfotografien und Proben wurde eindeutig festgestellt, daß es sich um die wenig bekannte Kombucha handele. Die Kombucha sei ein japanischer Teeschwamm - auch Teepilz-, der sich als eine Gallerte aus dem Bacterium xylinum mit nestförmig eingelagerten Hefezellen der Gattung Saccharomyces darstelle. Zu dieser Symbiose gehören ferner: Saccharomyces ludwigii, Saccharomyces apiculatus-Typen, Bacterium xylinoides, Bacterium gluconicum, Schizosaccharomyces pombe, Acetobacter keto-genum, Torula-Arten, Pichia fermentans und andere Hefen.

Es war auch bekannt, daß diese Kombucha in einigen Teilen der Sowjetunion zur Bereitung eines apfelweinähnlichen Getränkes, dem „Teekwaß" genutzt werde. Viel mehr wußte aber das Zentrale Bakteriologische Institut in Moskau über die Kombucha auch nicht. Man bezog sich dort vor allem auf das Handbuch des Deutschen W. Henneberg: „Handbuch der Gärungsbakteriologie"[137]. Über die biochemischen Funktionen dieser Symbiose Kombucha wußte aber auch das deutsche Handbuch nichts zu berichten. Nun wurde das Biologisch-Biochemische Zentralinstitut in Moskau konsultiert.

Kombucha verwandelt den Tee in eine Quelle der Gesundheit

Ausführliche Untersuchungen ergaben, daß die Kombucha neben vielen anderen, nicht leicht zu definierenden antibiotisch wirkenden Stoffen vor allem Glucuronsäure, die Vitamine B_1, B_2, B_3, B_6 und B_{12} sowie Folsäure und rechtsdrehende, also L-Milchsäure (+) produziert. Näheres dazu siehe im Kapitel über die Inhaltsstoffe des Kombucha.

„Das muß ich dem Genossen Stalin berichten"

Prof. Dr. Winogradow, Mitglied der Akademie der Wissenschaften der UdSSR, der auch Leibarzt Stalins war, ordnete weitere medizinische und pharmakologische Versuchsreihen mit der Kombucha an. Gerüchte von einem zukünftigen Wundermittel gegen den Krebs drangen bis zum Innenminister und Geheimdienstchef L. P. Berija vor, der sich durch die Laboratorien der verschiedenen nun mit der Kombucha befaßten Forschungsstätten führen und sich alles genau erklären ließ.

Als Berija erfuhr, wie man auf die Kombucha gestoßen war, frohlockte er: „Das ist ja die kriminalistische Fahndungsmethode unseres KGB! Da sehen Sie mal: Die Wissenschaft kann vom KGB lernen! Vom KGB lernen, heißt aber: siegen lernen! - Darüber muß ich dem Genossen Stalin berichten. Er hat mir erst jüngst vorgeworfen, daß wir effizienter, d. h. wissenschaftlicher arbeiten müßten."

In diesem Zusammenhang kam man darauf zu sprechen, daß Stalins Angst vor einem möglichen Krebs immer größer würde. Er habe immer wieder Alpträume, an Krebs zu sterben. Hinzu komme eine wissenschaftliche Abhandlung des Prof. Dr. Petrowskij, dem Leiter des Leningrader Instituts für Parapsychologie, daß Menschen sehr oft gerade an der Krankheit sterben, von der sie immer wieder geträumt hätten. Stalin habe auch diese Abhandlung gelesen und sei nun in seiner „Wissenschaftsgläubigkeit" derart deprimiert, daß etwas geschehen müsse.

Schädliche Nebenwirkungen sind mit Sicherheit auszuschließen

In Anbetracht dieser Sachlage und weil schädliche Nebenwirkungen der Kombucha mit Sicherheit auszuschließen seien, solle man Stalin zu seiner Beruhigung schon vor der Entwicklung eines entsprechenden pharmazeutischen Präparates mit dem Rohprodukt der Kombucha, dem

Getränk davon, behandeln. Prof. Dr. Winogradow machte in dieser Hinsicht eine Entscheidung von der Zustimmung eines Ärztekonziliums abhängig. Ein 12köpfiges Ärztekonzillium stimmte im Herbst 1952 zu. Berija gab grünes Licht. Er hatte aber die Zustimmung ohne die Rechnung seiner beiden Stellvertreter, der Generäle des KGB Rjumin und Ignatijew gemacht. Beide hatten von der Sache Wind bekommen und sich ebenfalls durch die o. a. Laboratorien führen lassen, natürlich nicht ohne sich entsprechende wissenschaftliche Ausführungen dazu anzuhören, dann aber doch zu anderen Schlüssen zu kommen.

Rjumin und Ignatijew waren krankhaft ehrgeizig. Jeder von ihnen trachtete danach, Berija zu verdrängen und selbst das Amt des Innenministers und KGB-Chefs einzunehmen. Da Stalin zu diesem Zeitpunkt erhebliche Antipathien gegen die Juden hatte, was zuvor niemals der Fall gewesen war, nutzten sie die Tatsache, daß Winogradow und die meisten Mitglieder des Leibärztekonziliums Juden waren. Sie schmiedeten ein ganz primitives, aber dennoch gemeines und wirksames Komplott, indem sie Stalin wissen ließen, Winogradow und seine „Komplicen" hätten besonders gefährliche „Schimmelpilze" gezüchtet, um daraus Gifte zu gewinnen, mit denen sie ihn, Stalin, langsam und unmerklich, aber besonders sicher vergiften wollten.

Der Moskauer Ärzteprozeß 1953

Stalin gab in seinem überaus krankhaften Mißtrauen Rjumin und Ignatijew sofort die Vollmacht - ohne jegliches Hineinreden von Berija - Winogradow und seine Anhänger zu verhaften und einen Prozeß vorzubereiten. Diese Affäre ist unter der Bezeichnung „Moskauer Ärzteprozeß" 1953 bekannt geworden. Winogradow wanderte mit seinem Ärzteteam hinter die Mauern des Moskauer Lubljanka-Gefängnisses. Die Forschungsarbeiten mit der Kombucha wurden abrupt beendet.

Die Moskauer Untersuchungsrichter und Staatsanwälte fanden bald neue „Verbrechen" heraus und formulierten sie auch in der Anklageschrift: Schädigung des Ansehens der sowjetischen Medizin und Pharmakologie durch Rückfall in die vorwissenschaftliche Naturheilkunde. Absichtlich habe man die sowjetische Wissenschaft vor der Weltöffentlichkeit damit der Lächerlichkeit preisgeben wollen. Man könne nicht einfach in ernstzunehmender Weise wissenschaftlich entwickelte Präparate durch vorwissenschaftliche sogenannte „Naturprodukte“ ersetzen wollen, ohne sich damit der Rückständigkeit und Lächerlichkeit preiszugeben.

Zwar wurden Winogradow und die anderen Mitglieder des „Leibärztekonziliums“ nach Stalins Tod rehabilitiert, Berija, Rjumin und Ignatijew wegen dieser Machenschaften zum Tode verurteilt und hingerichtet, die Forschungen mit der Kombucha aber meines Wissens nicht wieder aufgenommen. Die sowjetischen Forschungsgremien begründeten dies folgendermaßen:

Sie, die sowjetische Wissenschaft, lehne eine sklavische Nachahmung und Nutzung von Naturvorgängen ab. Das Denken und Forschen der sowjetischen Wissenschaft müsse eigenständig und schöpferisch-produktiv sein. Man dürfe nicht an einfachen Naturvorgängen kleben bleiben und sie kopieren. Dies sei eines sowjetischen Wissenschaftlers unwürdig. Ziel der sowjetischen Medizin sei es, eine unumstößliche Theorie von der Pathogenese des Krebses zu schaffen und daraus dann Schritte zur wirksamen Therapie dieses Leidens zu entwickeln. Die sowjetische Medizin dürfe sich nicht zu einem naturschwärmerischen Kurpfuschertum herabwürdigen lassen. Die frühere Naturheilkunde sei vorwissenschaftlich. Man dürfe nicht in sie zurückfallen.

Man hatte aber nichts dagegen, daß in Gefangenen-Krankenhäusern der Gefängnisse und Arbeits-Besserungslagern weiterhin - quasi unter der Hand- Versuche mit der Kombucha an krebskranken Strafgefangenen liefen. Gottseidank brachten diese keinerlei Schaden, sondern im Gegenteil nur Nutzen.

Alexander Solschenizyn

Als Zeugnisse seien hier auch Alexander Solschenizyns Werke in der Urfassung der seinerzeit illegalen russischen Selbstverlage (Samoisdatelstwo) aufgeführt, vor allem „Rakoij Korpus“ (Die Krebsstation), „Prawaja Kistj“ (Die rechte Hand) und seine Autobiographien. In Ihnen ist allerdings nicht von Kombucha, sondern vom Teepilz die Rede. Solschenizyn berichtet in den Urfassungen der Selbstverlage (Samoisdatelstwo) ausführlich, wie er im Lager selbst an Magenkrebs mit zahlreichen Metastasen in Lunge, Leber, Darm usw. aussichtslos erkrankt war,

wie er dann aber wie durch ein Wunder durch den Teepilz, der auf Birkenblättertee angesetzt wurde, vollkommen ausgeheilt wurde. Er schildert dann in der „Krebsstation", wie er bei einer Nachuntersuchung in einer Moskauer Klinik mit hohen krebskranken Funktionären auf einem Zimmer liegt, die ihr ganzes Vermögen dafür geben möchten, um an diesen „Wunderpilz" heranzukommen.[(138)]

Man setzte in jenen Fällen die Kombucha auf Birkenblättertee auf, um die Harnfunktion anzuregen. Die von der Glucuronsäure gebundenen Gifte können so besonders schnell und wirksam aus dem Körper entfernt werden. Es darf dabei aber nicht vergessen werden, daß der Teelösung, auf welche die Kombucha aufgesetzt wird, immer etwas Schwarzer Tee beigefügt wird. Ohne Schwarzen Tee gedeiht die Kombucha nur schlecht oder gar nicht.

Es ist kaum bekannt, daß schon Paracelsus alle möglichen Heilkräuter mit der Kombucha vergoren hat. Diese so vergorenen Heilkräuter waren besonders wirksam.

Wie der Präsident der Vereinigten Staaten, Ronald Reagan, davon profitierte

Im Jahre 1983 ging es erstmals durch die Medien, daß der Präsident der Vereinigten Staaten Ronald Reagan an Krebs erkrankt sei. In regelmäßigen Abständen hörte man dann immer wieder von neuen Metastasen, die bei ihm auftraten und aus Darm, Blase und Nase entfernt werden mußten. Eine anfänglich begonnene Chemotherapie machte ihm schwer zu schaffen. Weitere Metastasen kamen hinzu. Namhafte Ärzte der USA erinnerten sich an die Therapiehinweise bei Krebs in Alexander N. Solschenizyns Autobiographie und „Krebsstation". Dieser war in Krankenhäusern sowjetischer Zwangsarbeitslager vom Krebs schnell, problemlos und vollkommen geheilt worden. Man ging Hinweisen auf einen ominösen „Teepilz" nach, auf den die Heilung angeblich zurückzuführen war. A. N. Solschenizyn, der als Emigrant in den USA lebt, wurde befragt. Er konnte entsprechende wichtige Hinweise geben. Umgehend beschaffte man aus Japan einige Exemplare des „japanischen Teepilzes", der auch die Bezeichnung „Kombucha" trägt.

Mit der Anwendung des Getränkes beim Präsidenten wurde begonnen. Er trinkt täglich einen Liter davon. Nunmehr wird man wohl nur noch selten oder gar nicht mehr von der Krebserkrankung des Ronald Reagan und seinen Metastasen hören. Er wird sich wohl noch viele Jahre eines glücklichen und gesunden Lebens erfreuen können.

Nancy Reagan Ronald Reagan

Anmerkung von Günther W. Frank: Ich schrieb im Jahre 1989 an Präsident Reagan und bat ihn um Auskunft darüber, ob es wirklich stimme, daß ihm Kombucha auf so wunderbare Weise geholfen habe. Der Präsident und seine Ehefrau Nancy schickten mir herzliche Grüße. Leider wollten sie weder bestätigen noch dementieren, daß der Präsident täglich Kombucha trinke.

KAPITEL 10

Erfahrungsberichte

Aus der Schatzkiste der Erfahrungsheilkunde

Während meiner Beschäftigung mit Kombucha habe ich manche Berichte begeisterter Menschen bekommen. Wie bei den Berichten aus der Literatur fällt auch bei den persönlichen Erfahrungsberichten die breite Palette an Beschwerden auf, bei denen Menschen von Hilfe berichten. Ich erkläre mir das so: Kombucha wirkt nicht gezielt auf ein spezielles Körperorgan, sondern beeinflußt durch Stabilisierung der Stoffwechsellage und durch die vor allem von der Glucuronsäure bewirkte Entgiftung den Gesamtorganismus positiv. Dies zeigt sich dann bei vielen Menschen in einer Steigerung der körpereigenen Abwehrkraft gegen die von vielen Seiten auf uns einstürmenden Schadstoff- und Umweltbelastungen, einer Wiederbelebung des geschädigten Zellstoffwechsels und einer Wiederherstellung und Festigung des Wohlbefindens.

So verschieden die Krankengeschichten auch sein mögen, sie haben doch eines gemeinsam: Die Optimierung des menschlichen Stoffwechsels. Durch einen gesunden Stoffwechsel werden die Nahrungsmittel vollständig verdaut und für den Körperaufbau ausgewertet. Andererseits muß alles Überflüssige und Unbrauchbare wieder abgebaut und ausgeschieden werden. Kombucha kann beides bewirken: Das Getränk regt den Stoffwechsel an und fördert dadurch sowohl den Aufbau als auch den Abbau und die Ausscheidung schädlicher Stoffe.

Bei manchen Berichten scheute ich mich ein bißchen, sie zu veröffentlichen, weil Sie vielleicht sagen werden: „Das gibt es nicht!". Aber ich versichere:

- Alle Rückmeldungen kamen unaufgefordert
- sie entsprechen dem Original
- die Originalberichte sind bei mir dokumentiert.

Die nachstehenden Berichte sind keine wissenschaftlichen Dokumente. Sie spiegeln die Erfahrung einzelner Menschen wieder, die ihre

Freude und ihren Dank damit ausdrücken. Sie beruhen auf erfahrenen Wohltaten durch Kombucha. Vielleicht wird auch Ihr Interesse geweckt? Also, lassen wir nun ein paar ermutigende Briefe zu Wort kommen:

Migräne

Frau J. S. aus L., Deutschland berichtet in zwei Briefen: „Kombucha hilft mir als einziges Mittel gegen meine Infektanfälligkeit. Phytopharmaka, homöopathische Präparate, Enzymtherapie, Symbioselenkung, Eigenblutbehandlung u. a. zur Steigerung der Immunabwehr brachten nicht den gewünschten Erfolg. Außerdem kann ich Migräneattacken mit Kombucha abwehren. Die Migräne scheint bei mir in erster Linie hormonelle Ursachen zu haben, da sie meist während der Menstruation auftritt. Meine chronischen Magen- und Darmstörungen hatten sich zwar durch die Symbioselenkung gebessert, doch bei größerer Belastung und im Frühjahr und Herbst kam es trotzdem noch zu Gastritiden. Mit Kombucha vertrage ich die Vollwertkost gut, auf die ich schon in den 70er Jahren umgestiegen bin. Ich brauche nun keine Rollkuren mehr zu machen. Meine rheumatischen Beschwerden (Weichteilrheumatismus) sind nach Einnahme des Zaubertranks merklich schwächer geworden. Ich konnte früher die Schmerzen nur mit Enzymen ertragen. Jetzt greife ich nur noch selten zu Wobenzym. (...) Mein Mann fühlt sich seit der Einnahme von Kombucha leistungsfähiger. Sein Blutdruck hat sich normalisiert. Er litt an Hypertonie.(...) Ein Schwager von mir scheint durch Kombucha nicht mehr so depressiv zu sein. Er hatte früher die meiste Zeit des Tages im Bett zugebracht. Wir trauten unseren Augen nicht, als wir sahen, daß er dank Kombucha alle Fenster seines Hauses gestrichen hatte."

Von früheren Migränegeplagten wird oft von nicht erklärbaren Besserungen durch Kombucha berichtet. Bei meiner Frau sind Migränebeschwerden vollständig verschwunden, seit sie Kombucha trinkt. Bei Migräne stehen die Mediziner oft vor einem Rätsel über Ursachen und Behandlungsmöglichkeiten. Warum hilft da oft Kombucha? Stoffwechselharmonisierung? Abwehrstärkung? Allgemeine Harmonisierung der Vorgänge im Körper?

Immunabwehr wird stimuliert

Und nun ein paar Sätze aus dem zweiten Brief von Frau J. S.: „Im Zusammenhang mit meiner im Laufe der Jahre erworbenen Abwehrschwäche kam es in viel zu kurzen Abständen zu Zystitis und Bronchitis. Meine Mykose zwischen den Zehen bekam ich auch nicht weg. Die Bronchien machen mir zwar bei feuchtem Wetter etwas zu schaffen, doch von den lästigen Blasenkatarrhen bin ich bis jetzt verschont geblieben. Der Fußpilz hat sich zum Glück auch verabschiedet. Im übrigen kann ich nun endlich die sich bereits seit 1986 hinziehende Symbioselenkung fortsetzen, denn ohne Kombucha reagierte ich auf die Vaccine-Injektionen häufig mit Infekten. (...) Ich glaube, ich werde nicht auf die „Wunderqualle" verzichten und eher die Dosis erhöhen. Als ich jetzt Schüttelfrost etc. bekam, trank ich doppelt so viel von dem Gärgetränk. Es stellt sich nach der Einnahme stets ein Wärmegefühl, leichtes Schwitzen ein, wie man es z. B. nach Echinacea oder anderen Immunstimulantien feststellen kann. Ein Beweis für das Aktivwerden der Immunabwehr! (...) Ich bin sehr froh, mit fast 40 Jahren nun in Kombucha das Mittel gefunden zu haben und blicke zuversichtlich und angstfrei in die Zukunft."

Der Arzt und Diplombiologe Reinhold Wiesner[139] stellte bei einem Test zwischen Kombucha und dem immunstärkenden Mittel Interferon fest: „Die Meßwertvergleiche lassen darauf schließen, daß Kombucha die Abwehrkräfte des kranken Organismus wirksam fördert und körpereigene Heilprozesse in Gang setzt. Kombucha kann so als ein hochpotentes biologisches Lebensmittel mit virustatischer Wirkung angesehen werden, das dazu den Vorteil hat, keine unerwünschten Nebenwirkungen und Unverträglichkeiten zu erzeugen."

Kombucha-Revolution

Frau R. W. aus L., Niederlande berichtet: „Viele, viele Menschen haben durch Kombucha Heilung erfahren von den verschiedensten Stoffwechsel-Krankheiten. In unserem kleinen Land kann man jetzt schon von einer gewissen Kombucha-'Revolution' sprechen. Hausärzte und Spezialisten sind oft sprachlos bei relativ schnellen Heilungen durch Kombucha, auch dort, wo sie mit anderen Mitteln in Jahren oder Jahrzehnten nichts erreichen konnten. (...) Einige Rheuma-Patienten haben uns berichtet, daß sie durch Kombucha den Rollstuhl oder die Krücken wieder abschaffen konnten. Die meisten Berichte erzählen von Heilung bei Darmschwierigkeiten, hohem Blutdruck und Rheumaschmerzen. Viele Menschen schlafen endlich wieder gut, Dank sei Kombucha. Gesunde Menschen erfahren eine Zunahme ihrer Energie. Leistungssportler sind hellbegeistert. Manchmal können wir selbst kaum glauben, was man uns berichtet. Aber wir wissen, daß Kombucha eine breite und tiefgehende Wirkung hat - reinigend und vitalisierend- Und dann läuft halt alles besser."

Kombucha gegen Pickel und für schönes Haar

Frau L. B. aus G. berichtet: „Seit ich Kombucha trinke geht es mir viel besser. Ich habe keine Pickel mehr auf der Haut, die Haare sind viel schöner, ich hatte schon viel graue, alle sind verschwunden. Die Menstruation ist regelmäßiger und schmerzloser."

Ich kann wieder richtig schlafen

Herr L. Z. aus D. berichtet: „Seit ich den Kombucha-Tee trinke, kann ich wieder richtig schlafen. Auch mein Blut ist jetzt wieder in bester Ordnung, und ich brauche keine Medikamente mehr. Ich werde Kombucha empfehlen."

Blutfettwerte normalisiert

Herr P. G. aus U. berichtet: „Gerne möchte ich Ihnen meine Erfahrungen mit Kombucha weitergeben. Ich hatte bis jetzt immer Probleme mit meinem Blutfett. Die Werte waren immer zu hoch und nur mittels Tabletten konnten Normalwerte erreicht werden. Ich wurde auf Kombucha aufmerksam und habe dann anstelle der Tabletten nur noch dieses Getränk verwendet. Das Resultat war, daß ich dank Kombucha die Normalwerte halten konnte. Außerdem fühle ich mich auch allgemein viel besser."

Es grenzt an ein Wunder

Frau H. S. aus A. berichtet: „Ich möchte Ihnen für den Heilungserfolg, welchen ich durch Kombucha erfahren habe, herzlich danken. Denn dieser Erfolg grenzt schon an ein Wunder. Vor zwei Jahren hatte ich wegen eines Gebärmutter-Karzinom (Krebs) eine Totaloperation. Aber nach vier Monaten mußte eine weitere Operation vorgenommen werden. Anschließend folgten dreißig Bestrahlungen. Aber mit dem Resultat, daß ich bis acht mal täglich Stuhlgang hatte. Dies alles, ohne ein Medikament vom Arzt zu bekommen. In dieser Zeit las ich ganz zufällig vom Kombucha-Tee." Frau S. berichtet, daß sie sich dann Kombucha und Coli-Präparate besorgte und fährt dann fort: „Und was geschah? Der Stuhlgang normalisierte sich auf zweimal täglich. Währenddessen mußte ich alle zwei Monate ins Spital zur Untersuchung. Da erfuhr ich von meiner Ärztin, daß die letzten zwei Krebsabstrich-Kontrollen negativ waren. Das Ergebnis versetzte meine Ärztin und die Ärzte aus dem Spital in Staunen, da ich keine Medikamente bekommen hatte. Das alles führe ich auf den Kombucha-Tee und die Colipräparate zurück. Darum nochmals herzlichen Dank für dieses Wundermittel, das hoffentlich auch anderen Frauen helfen dürfte."

Die Abwehrkräfte werden gestärkt

Dazu Heilpraktiker Hartmut K.:[149] „Kombucha ist sicher nicht das langersehnte Krebsmittel. Und es wäre bestimmt leichtsinnig, eine vom Arzt verordnete Therapie auf eigene Faust zu unterbrechen, um sie durch eine Kombucha-Kur zu ersetzen." Dennoch verordnet der Heilkundige seinen Krebspatienten Kombucha-Tee. „Insbesondere", so Hartmut K., „um die Körperkräfte wieder in ein biologisches Gleichgewicht zu bringen. Kombucha entgiftet das Blut." Nach Meinung des Heilpraktikers sollte Kombucha viele andere Maßnahmen der biologischen Krebsbehandlung lediglich begleiten und unterstützen. Er hört von seinen Patienten Erstaunliches: „Die meisten sprechen von einem besseren Allgemeinbefinden und benötigen weniger Tabletten. Mit Sicherheit steigern die Inhaltsstoffe von Kombucha die körpereigenen Abwehrkräfte und normalisieren den Stoffwechsel."

Entschlackung und gegen Frühjahrsmüdigkeit

Herr O. H. aus St. G. berichtet: „Ich möchte Ihnen mitteilen, daß ich mit Kombucha sehr zufrieden bin. Ich trinke Kombucha zwecks Entschlackung und um die Frühjahrsmüdigkeit wegzubringen. Das Getränk hat mir in jeder Beziehung geholfen. Ich fühle mich wieder fit."

Mehr Energie

S. K. aus N. berichtet: „Ich möchte Ihnen mitteilen, daß ich vom Kombucha-Tee sehr überzeugt bin. Ich war abends immer sehr müde. Seit ich Kombucha nehme, hat sich das geändert. Ich habe wieder vielmehr Energie. Eine wirklich gute Sache."

Verdauung normalisiert

Frau T. v. K. aus R. berichtet: „Ich bin von Kombucha begeistert, hat sich doch dadurch meine Verdauung sehr normalisiert. Schade ist nur, daß ich Kombucha nicht schon früher kennengelernt habe."

Jahrelanger Juckreiz ist weg

Die 15jährige M. P. aus K., Holland schickte einen Bericht mit der Überschrift „Meine guten Erfahrungen mit dem Pilzgetränk", der übersetzt so lautet: „Als ich 10 Jahre alt war, begann das Elend, und es hat 4½ Jahre gedauert. Zuerst bekam ich Juckreiz auf meinen Armen, und ich kratzte sie ganz kaputt, vor allen Dingen nachts im Bett. (...) Nach 6 Wochen bin ich dann endlich zum Hausarzt gegangen. Ich bekam eine Penicillinkur und Salbe, weil ein Arm ganz entzündet war vom Kratzen. Dies dauerte so ungefähr

1½ Jahre. Immer wieder bekam ich eine neue Salbe, eine nach der anderen. Und so ging es auch mit Penicillin. - Dann kam der Moment, wo es so nicht weitergehen konnte. Ich mußte wegen spezialistischer Hilfe ins Krankenhaus. Der Doktor sprach von einer Darmbakterie, die die Schwierigkeiten verursachte. Nun bekam ich wieder eine neue Medizin, durch die ich mich ständig wie betäubt fühlte. Aber der Juckreiz blieb. (...) Aber nun macht meine Mutter seit einem halben Jahr mit einem Pilz den Kombuchatee. Ich habe gleich angefangen, ihn zu trinken, und schon nach einer Woche hatte ich keinen Juckreiz mehr. Inzwischen fühle ich mich wie neugeboren. Sogar meine Narben sind fast nicht mehr zu sehen. Ich möchte gern zu jedem sagen: Stop mit Medizin und trinke Kombucha."

Multiple Sklerose

Frau M. W. aus V., Holland schrieb einen Bericht, der als Leserbrief auch in der Zeitschrift „Op Zoek" der „Niederländischen Multiple Sklerose Stiftung" (Nr. 141 vom Februar 1990) veröffentlicht wurde: „Seit 1982 leide ich an Multiple Sklerose. Nun habe ich gute Erfahrungen mit dem Kombuchapilz gemacht. Dieser Pilz wirkt entgiftend auf den Körper. Im April 1989 begann ich den Tee zu trinken, der mit dem Pilz bereitet wird. Ich konnte damals draußen nur noch ein paar Meter gehen. Dabei hing ich schwer zwischen den Stöcken. Und mein Zustand verschlechterte sich zusehends. Nun kann ich wieder etwa 20 Minuten - ohne Stöcke - draußen gehen. Und ich bin nicht mehr müde. Eine ärztliche Untersuchung hat die erneute Tauglichkeitserklärung für einen normalen Führerschein zur Folge gehabt. Dieses Jahr will ich probieren, sogar wieder ein wenig Ski zu fahren. Mit dem Pilz kann man ein Leben lang sein eigenes natürliches Heilmittel bereiten. Ich hoffe, daß dieser Bericht dazu beiträgt, daß auch andere Menschen durch den Kombuchapilz eine Verbesserung ihres Gesundheitszustandes erfahren."

Ein Mann schrieb in der Kombucha Mailing Liste: „Die Mutter eines Freundes hat MS. Seit sie Kombucha trinkt, bemerkt sie eine wunderbare Besserung. Sie hat ihre Muskeln wieder unter Kontrolle und kann sogar wieder gehen."

Starke Blähungen und Völlegefühl

Herr A. S. aus Dortmund berichtete per E-mail: „Hallo Herr Frank, ich bin seit einigen Monaten ebenfalls ein Kombucha-Anhänger. (...) Anfangs war ich sehr skeptisch, ob dieser Teepilz wirklich soviel Gutes tun kann. Nun, seit einiger Zeit bin ich sehr erstaunt über Kombucha und seine Fähigkeiten. Ich hatte über mehrere Jahre hinweg starke Blähungen und Völlegefühl. Es war mir selbst und gegenüber meiner restlichen Familie sehr unangenehm und lästig. Nun, seitdem ich Kombucha morgens nüchtern und sonst immer nach jeder großen Mahlzeit trinke, ist meine Verdauung bestens und ich habe kaum Blähungen. Das gleiche Bild auch bei meiner Freundin, sie litt unter Obstipation mit krampfartigen Schmerzschüben in Magen-Darm-Trakt. Diese Probleme hat sie nicht mehr, seit dem sie regelmäßig Kombucha trinkt."

Kombucha verbessert auf sanfte Weise die Darmflora und unterstützt die Darmbakterien in ihrem Kampf gegen unheilbringende Eindringlinge. Kombucha regt die Verdauung an und unterstützt mit seinen Enzymen die Verarbeitung der schwer verdaulichen Proteine, Fette und Kohlehydrate.

Fußpilz und Kopfekzeme

„Dann bemerkte ich, daß sich ebenfalls Fußpilz bei mir bildete. Ich trage beim Sport sehr oft Turnschuhe und die Hygiene in den Fitneß-Studios läßt oft zu wünschen übrig. Nach bereits zweimaligem Beträufeln des Fußpilzes verminderte sich der Fußpilz rasch. Eine ekzemartige Flechte befällt oft die Kopfhaut meiner Freundin. Es juckt sehr stark und schuppt dann ab. Für meine Freundin ist es sehr unangenehm und teilweise auch schmerzend. Wir spülten ihr den gesamten Kopf mit Kombucha und massierten den Tee in die Kopfhaut ein und ließen es etwa eine halbe Stunde einziehen. Am nächsten Tag verspürte sie keinen Juckreiz mehr und ihre Kopfhaut wurde auch besser."

Pilz- und Bakterienbefall

Die Mutter meiner Freundin ist der schwerste medizinische Fall hier in Dortmund was die Erkrankung des systemischen Lupus erythematodes angeht. Sie nimmt zahlreiche Tabletten zu sich, unter anderem auch

Corticosteroide (Cortison). Sie nimmt ca. 30 Tabletten pro Tag ein. Nun, aufgrund starker Nebenwirkungen mancher Mittel haben ihre inneren Organe sehr zu leiden. Sie hat sieben Magengeschwüre und auch Pilz- und Bakterienbefall der Speiseröhre. Ich dachte mir, diese Frau könnte doch auch mal den vergorenen Tee probieren. Sie nimmt ja schon so viele schädliche Medikamente ein, da kann der Kombucha ja nur Gutes tun. Sie war sehr neugierig, und ich brachte ihr einen Ableger von meinem Kombucha. Das erste, was ihr nach mehreren Wochen Kombucha-Kur auffiel, war ein Gewichtsverlust von 5 Kilo in ca. 6 Wochen. Das tat gut, da das Cortison ihre mehrere Pfunde draufgelegt hatte. Nachdem sie eine Magenspiegelung hatte, die sie öfters machen muß, stellte sich heraus, daß 5 der 7 Magengeschwüre zugegangen sind und der Magenpilz bzw. der bakterielle Befall in der Speiseröhre völlig verschwunden ist.

Nach diesen ganzen Ereignissen, die wir mit Kombucha machten, sind wir zu der Überzeugung gekommen, daß dieses Teepilz-Getränk in unserem Haushalt nicht fehlen darf. Ich empfehle es jedem guten Freund weiter."

Lebenselixier beseitigt Müdigkeit und lindert Gicht

Frau M. N. aus F. in der Schweiz schreibt: „Mit dem Kombucha-Getränk, an das wir uns ohne Ihre ausführlichen und in der ganzen Darstellung der Entwicklung hoch interessanten Beschreibungen nicht herangewagt hätten, besitzen wir ein Lebenselixier, das wir nicht mehr missen möchten. Wir beide fühlen uns besser und empfehlen es weiter. Bei mir sind die Müdigkeitserscheinungen, die ich vorher nach 2 Stunden Autofahren hatte, praktisch überwunden. Heute kann ich - natürlich mit Pausen - sechs bis sieben Stunden am Tag fahren. Auch gewisse Gicht-Beschwerden an zwei Fingern meiner rechten Hand sind zurückgegangen."

Der Kombuchapilz wird im Osten auch „Gichtqualle" genannt. Jetzt wissen Sie warum. Die Glucuronsäure in Kombucha löst die Harnsäureablagerungen und führt sie mit dem Urin ab. Natürlich sollte ein Gichtkranker eine entsprechende Diät (purinarm) einhalten.

Heuschnupfen

Frau E. B. aus J. meldet: „Mir geht es wieder besser mit meinem Heuschnupfen. Kombucha gibt mir wieder Auftrieb. Ich fühle mich wohler alles in allem. Bin nicht mehr so erschöpft. Bin ja auch schon 61. Lieber Herr Frank, werde Ihre Bücher stets empfehlen und natürlich auch unseren lieben Kombucha, unsere Gabe Gottes."

Frau Gerlinde O. aus H.: „Ich bin nach wie vor sehr zufrieden mit meinem Kombuchagetränk. Ich habe noch nie wieder Heuschnupfen gehabt, seit ich es trinke."

Heuschnupfen und Allergien rührt von einer aus dem Gleichgewicht geratenen Immunabwehr her. Kombucha scheint die Immunreaktionen wieder in die körpergerechte Balance zu bringen.

Nicht mehr erkältungsanfällig

Frau H.G. aus B.: „Seit ca. 2 Jahren verwende ich den Teepilz Kombucha als kleine Getränkeportion am Tag. Ich habe festgestellt, daß ich nicht so erkältungsanfällig bin wie Kollegen und Nachbarn ringsum."

Eine vorzügliche Hausapotheke

Frau Z. aus H. schrieb: „Ich betrachte diesen Pilz als echten Vitamin- und Mineralspender - gerade für die vielen chronisch Kranken. Und als vorzügliche Hausapotheke. Denn in welcher Apotheke gibt es so billig Vitamine etc.? Vielleicht wird bald die Zeit kommen, in der unser Volk wieder das Sparen lernt. Wohl dem, der dann die teure Apotheke nicht braucht."

Ich kann wieder alles essen, was vorher blähte

Herr H.-R. W. aus Zürich: „Seit Oktober nehme ich täglich regelmäßig Kombucha. Ich wurde seit Jahrzehnten von Blähungen geplagt (ein Nachweh übertriebener Vollkornkost). Bereits nach einer Woche stellte sich Erfolg ein. Ich kann wieder alles essen, was sonst blähte. Tatkräftig und wie neugeboren fühle ich mich."

Osteoporose: Frau E.-M. H. aus A.: „Das Getränk mildert meine Osteoporose-Schmerzen (27 % Knochendichte) spürbar."

Menstruation hat sich eingependelt

Frau G. A. aus T., Schweiz: „Bei zwei mir bekannten Frauen, die seit jeher Probleme mit dem Menstruationszyklus hatten (bis 42 Tage) und bei denen die Schulmedizin ratlos war, hat sich der Zyklus nach dem Genuß von Kombucha-Tee nach bereits einem Monat auf genau 28 Tage eingependelt." Kombucha wirkt auf den Körper als ganzes und stellt die Körperharmonie und das allgemeine Wohlbefinden wieder her. Das hat dann oft Auswirkungen auf die verschiedensten Beschwerden.

Kombucha zum Abnehmen

Frau I. A. S. aus Th., Schweiz: „Ich möchte Ihnen meinen ersten Erfahrungsbericht mit dem Tee-Kwaß übermitteln: Der Tee eignet sich vorzüglich als Abmagerungsmittel. Ich und einige meiner Freundinnen haben im Durchschnitt nach der ersten Angewöhnungsphase rund 1 1/2 kg pro Woche abgenommen mit einer täglichen Teemenge von 1 Liter. Diese 1 1/2 kg pro Woche kann man problemlos einhalten, aber nur mit einer täglichen Einnahmemenge von 1 Liter Tee-Kwaß. Man verliert nur soviel an Gewicht bis das Idealgewicht erreicht ist. Über dieses Maß hinaus gibt es kaum noch Gewichtsschwankungen. Diese Angaben beziehen sich auf die Beibehaltung der normalen Eßgewohnheiten. Bei einigen ergab sich nach 1wöchiger Einnahme sogar ein Verzicht, zwischendurch Süßigkeiten essen zu wollen."

Kreislauf kommt in Schwung

Herr Josef S. aus A.: „Der Kombucha-Saft schmeckt mir sehr gut. Seitdem ich Kombucha trinke, schmeckt mir der Kaffee nicht mehr so wie früher, und unter den Augen bin ich nicht mehr schwarz, wie es bisher nach dem Genuß von Kaffee war. Der Kreislauf kommt in Bewegung, was für mich sehr gut ist, denn ich habe einen sehr niedrigen Blutdruck."

Ich schlafe wundervoll

Mrs. Joyce L. aus Texas: „Ich habe folgendes bemerkt: Wenn ich vor dem Zubettgehen ein kleines Glas Kombucha trinke, schlafe ich wundervoll." Anmerkung: Wenn Sie Kombucha trinken, der mit schwarzem oder Grünem Tee zubereitet ist, dürfte das nicht zu empfehlen sein.

Daß ich noch lebe, verdanke ich Kombucha

Frau Martha S. aus H., Schweiz: „Zuerst möchte ich Ihnen sagen, daß ich mich eines immer größeren Kombucha-Bekanntenkreises erfreuen kann. Daß ich noch lebe, verdanke ich dem Kombucha. Daß ich trotz meiner 74 Lenze noch geistig fit bin, beweist meine letztjährige ‚Schweizer Geschichte' in Gedichtform. Ich lege Ihnen eine Kopie bei. Alle diese Menschen, die Kombucha genossen haben, blieben praktisch in den letzten zwei Jahren ohne eine Grippe."

Depressionen, Gicht

John R. S. aus Ohio: „Im November 1994 fiel ich bei der Rotwildjagd von einem Hochsitz und hatte Brüche am ganzen Körper. Während meiner Genesung litt ich an schweren Depressionen und dachte sogar an Selbstmord. Dann erfuhr ich im Fernsehen von Kombucha. Ich besorgte mir den Tee und trinke ihn nun seit 1¹/₂ Jahren. Es traten seitdem keine depressiven Anfälle mehr auf. Außerdem hatte ich Gicht in beiden Füßen und mußte Medikamente einnehmen. Seit Kombucha brauche ich das nicht mehr. Der Tee hat auch geholfen, die schweren Arthritisbeschwerden zu lindern. Ich bin überzeugt, daß Kombucha ein Wunder ist, das mir von Gott geschickt wurde."

Hilfe bei unerklärlichen Kopfschmerzen und hohem Cholesterinspiegel

Frau H.W. aus L.: „Ich hatte immer wieder mit starken Kopfschmerzen zu tun, die keine direkte Ursache hatten. Nach 2¹/₂ monatigem Genuß von Kombucha ließen meine Kopfschmerzen immer mehr nach, bis sie bald ganz weg waren. Auch meine gesamte Konstitution festigte sich. Etwa nach einem Jahr machte ich für längere Zeit Urlaub und trank während dieser Zeit keinen Kombucha. Schon nach 6 Wochen kamen meine Kopfschmerzen wieder. Nun hatte ich den Beweis, daß Kombucha gegen meine Kopfschmerzen geholfen hatte. (...) Mein Mann, anfangs skeptisch, trinkt nun fleißig mit. Auch ihm hat K. geholfen (Cholesterinspiegel, Kopfschmerzen) - und neuerdings auch gegen den Heißhunger auf Süßes." Kombucha wirkt sehr stoffwechselaktivierend. So wird der gesamte Organismus entschlackt. Viele Kombuchatrinker berichten, daß der Cholesterinspiegel gesenkt und der Harnsäurespiegel günstig beeinflußt wird. Kombucha ist gut für Haut und Herz. Außerdem beruhigt Kombucha das zentrale Nervensystem, wirkt allgemein ausgleichend.[141]

Kombucha ist ein vielfältiger Wohltäter

Mrs. P. M. aus Westaustralien: „Ich trinke Kombucha seit nun 9 Monaten. Ich bin sehr beeindruckt und möchte Ihnen ein paar der Wohltaten berichten, die ich und andere Familienmitglieder und Freunde erfahren haben:

- Befreiung von arthritischen Schmerzen, und meine Gelenke sind wieder beweglich. Als ich 53 Jahre alt war, diagnostizierten die Ärzte bei mir beginnende Osteo-Arthritis in meiner rechten Hüfte und stellten mir eine Hüfttransplantation in Aussicht. Diese Sorge ist jetzt von mir gewichen.
- Linderung meiner Menopause-Beschwerden und Verschwinden der großen Müdigkeit
- Gesteigerter Energielevel und ein tolles Gefühl des Wohlbefindens
- meine Darmfunktionen sind wieder regelmäßig."

Blutfettsenkung, Arthritis

H.T. aus Montana/USA: „Nach 2monatigem Kombuchatrinken fiel mein Cholesterin von 245 auf 195 und mein Tryglycerid-Wert von 280 auf 102. Ich leide auch nicht mehr an Verstopfung. Es ist wunderbar. Ich gebe K. jetzt auch meiner Tochter, die bisher an Arthritis leidet."

Die cholesterinsenkende Wirkung wurde bereits von Dr. Siegwart Hermanns[142] Versuchen mit Katzen nachgewiesen. Hermann zieht aus seinen Versuchen das Resümee: „Sowohl die Beobachtungen der Ärzte am Krankenbett, als auch das Tierexperiment zeigen, daß die vom Volk angegebenen Wirkungen im großen und ganzen gut beobachtet worden sind."

Schöne Haut, Verdauung, Wohlbefinden

Frau M. N. in F., Schweiz: „Kombucha tut uns sehr gut, unserer Haut, der Verdauung, dem Wohlbefinden. Unsere Bekannte in M. ist den Zucker 'los' geworden. In F. und Umgebung haben wir viele Kombucha-Fans."
Verdauungsstörungen und Darmprobleme sind oft die Ursache für

unschöne Haut, Pickel und Mitesser. Wenn Kombucha die Darmflora regeneriert, den Stoffwechsel in Ordnung bringt und dem Körper die wertvollen Hefen darreicht, was ist die Folge? Schönheit und Wohlbefinden.

Stuhlgang, Bauchweh, Pickel, Wohlbefinden

Frau A. K. aus den Niederlanden: „Ich habe von meinen Kollegen und Bekannten gute Reaktionen bekommen. Diese werden Sie sicher interessieren:

1. Ein Kollege sagt, daß er jetzt endlich guten Stuhlgang hat.
2. Der kleine Sohn eines anderen Kollegen klagt nicht mehr über Bauchweh
3. Die Jugendpustel der Tochter eines anderen Kollegen heilen schön, seit sie Kombucha trinkt.
4. Selbst fühle ich mich besser seit ich Kombucha trinke."

Arthrose: Ich brauche keine Medikament mehr

Herr W. B. aus K.: „Ich habe, nunmehr 80jährig, seit meinem 30. Lebensjahr Spondylosis deformans und Arthrose deformans. Seit einigen Jahren sind alle meine Gelenke von Arthrose befallen. Oft hatte ich große Schmerzen in meinen Gelenken, die ich nur durch Medikamente dämpfen konnte. Im Jahre 1981 bekam ich in das rechte Knie eine einfache Schlittenprothese eingesetzt, die jedoch keine Linderung der Schmerzen gebracht hat. (...) Nun aber etwas Entscheidendes für mich: Seit Mitte Januar 1991 habe ich in meinen Gelenken nur noch geringe Schmerzen, an manchen Tagen bin ich sogar ganz schmerzfrei. Ich brauche nun keine Medikamente gegen die Schmerzen mehr einzunehmen. Auch die bisherige Wetterfühligkeit ist weitgehend abgeklungen. (...) Diese Tatsachen wollte ich Ihnen aus Dankbarkeit mitteilen."

Unser beliebtestes Familiengetränk, Milchschorf bei Baby verschwand

Frau M. E. S. aus Portugal: „Seit 8 Monaten ist das Kombuchagetränk unser beliebtestes Familiengetränk. Wir trinken zu fünft täglich mindestens 2 Liter davon. Mein $2^1/_2$jähriger Sohn ist so begeistert davon, daß er tagsüber kaum etwas anderes trinkt. Meine Jüngste trinkt es zur Zeit noch mit der Muttermilch, ich selbst trinke in etwa 1 Liter täglich. (...)

Von mir selbst kann ich schon einen augenscheinlichen Erfolg berichten: Meine Krampfadern sind viel besser geworden, seitdem ich Kombucha trinke. In der letzten Schwangerschaft traten sie ganz arg hervor, und jetzt sind sie fast weg. Das hatte vorher noch kein Medikament vermocht. Bei meiner kleinen Tochter verschwand, nachdem ich angefangen hatte, Kombucha zu trinken, innerhalb eines Monats der Milchschorf am Kopf."

Ich fühle mich rundum wohl

Herr G. H. aus Panama: „Ich persönlich bin auf den Kombuchapilz gestoßen nach insgesamt sieben Hautkrebs-Operationen. Ich habe keine chemischen Mittel genommen, nur Kombucha, Vitamin E, Selenium und ein Coli-Präparat zur Darmpflege. Seit zwei Jahren bin ich wieder gesund und munter und fühle mich mit dem Tee rundum wohl. (...) Ein Hinweis: Ich vermute, daß der Tee das Blut verdünnt bzw. fließfähiger macht. Vor einem chirurgischen Eingriff sollte Kombucha einige Tage vorher abgesetzt werden, da die Blutungen schlechter zu stillen sind."

Ohne Grippe durch den Winter

Frau E. T.: „Zwar hat Kombucha in meinem Bekanntenkreis etwas den Reiz des Neuen eingebüßt, aber der Gewohnheitsgebrauch hat seine Wirkung. Sicher verdanken wir ihm, daß wir trotz aller Altersbeschwerden bisher diesen Winter ohne Grippe durchgekommen sind."

Echo aus aller Welt

Wollen Sie noch mehr Erfahrungsberichte begeisterter Kombuchatrinker lesen? Vielleicht haben Sie Zugang zum Internet. In den von Colleen Allen zusammengestellten Kombucha-FAQ (frequently asked questions, übersetzt „Häufig gestellte Fragen") finden Sie das überwältigende Echo aus aller Welt:
http://persweb.direct.ca/chaugen/kombucha_faq_part02.html

Wenn Sie durch Kombucha Gutes erfahren haben,
sollten Sie es als Ihre Pflicht ansehen,
auch anderen Menschen davon zu erzählen.
Gegenseitige Hilfe macht selbst arme Leute reich,
sagt ein Sprichwort aus China,
der vermuteten Heimat von Kombucha.

KAPITEL 11

Der Name Kombucha

Wenn Du etwas über den Namen weißt,
verstehst Du eine Sache und ihren Hintergrund besser.
Henry David Thoreau

Über 2000 Jahre alt: „Der Pilz des langen Lebens"

Das von alters her in den östlichen Ländern von Rußland bis China und Japan in der Volksmedizin als Hausmittel eingesetzte Kombuchagetränk trägt noch manche andere originelle Namen wie „Japanisches Mütterchen", „Heldenpilz", „Gichtqualle" bis hin zu „Pilz des langen Lebens (Champignon de longue vie)" oder gar „Wunderpilz". Durch seine weite Verbreitung hat jede Bevölkerungsgruppe diesem beliebten Pilz ihren Namen gegeben. Man kann aus diesen Namen eine Menge über die durch den Pilz erfahrene Hilfe lernen.

Es gibt in Japan einen Riementang-Tee, der ebenfalls Kombucha heißt, jedoch mit dem Teepilz-Getränk nichts zu tun hat

Fest steht, daß das aus dem Japanischen stammende Wort „Kombucha" eigentlich fälschlicherweise als Bezeichnung des Teepilzes verwendet wurde. „Konbu" ist der Name von Braunalgen (Laminaria japonica, wahrscheinlich auch andere Arten), die in Japan als Nahrungsmittel genossen werden[(143)] oder aber der Herstellung eines Tees dienen. „Cha" heißt Tee. „Kombucha" ist also der aus diesen Meeresalgen gewonnene Tee[(144)]. Wahrscheinlich wurde der Teepilz auf Algentee angesetzt, und der Name des Tees ging auch auf das damit gewonnene Teekwaß-Getränk über und schließlich auf den Teepilz selbst[(145)].

Teekwaß

Den Namen ***„Teekwaß"*** erhielt das aus dem Osten über Rußland zu uns gekommene Getränk nach Kwaß, das auch ein säuerliches, kohlensäurehaltiges Erfrischungsgetränk ist, mit dem es aber nichts zu tun hat. Das in Rußland beliebte Genußmittel Kwaß entsteht durch Milchsäuregärung aus in Wasser eingeweichtem Brot, dem je nach Rezeptur noch verschiedene Zutaten wie Malz, Mehl, Sirup, Zucker, Pfefferminze u.a. beigegeben werden.

Namen sagen etwas über erfahrene Hilfe

Aus der nachstehenden Reihe weiterer Namen, die dem Teepilz gegeben wurden, kann man eine Menge über seine Herkunft und auch über die von dem Pilz erfahrene Hilfe lernen. Vielen der Namen sieht man sofort an, daß man den Ursprung des Pilzes im Osten annimmt: China, Japan, Mandschurei, Rußland, Indien. Die Bezeichnung Qualle oder Meduse ist wissenschaftlich nicht haltbar. Damit hat der Teepilz nichts zu tun.

Die Bezeichnung „Champignon de longue vie“ wird auch außerhalb Frankreichs verwendet und deutet auf die dem Pilz beigemessene Heilkraft und erzielbare Verlängerung des Lebens.

Heldenpilz

Der Name „Heldenpilz“ kommt daher, daß der Pilz japanischen Kriegern mitgegeben wurde. Sie ließen den Pilz in ihren Feldflaschen und bereiteten sich durch Aufgießen von frischem Tee auf diese Weise immer wieder ein erfrischendes und durch seinen Vitamingehalt stärkendes Getränk[146].

„Wie geht es Olinka?“

„Olinka“ nannte man den Teepilz in böhmischen und mährischen Klöstern. Hermann berichtet, daß er in den Klöstern angeblich schon seit vielen Jahren gezüchtet wurde, als er in der Umwelt der Klöster noch gar nicht bekannt war. Sein Geheimnis wurde dort streng gehütet, und

man gab dem Pilz, wahrscheinlich als Tarnname, die Bezeichnung „Olinka". Mit der Frage „Wie geht es der Olinka?" erkundigte man sich geheimnisvoll nach dem Gedeihen des Pilzes.[147]

Fungus japonicus

Die Bezeichnung **„Kombucha"** kommt vor allem in Berichten aus der Tschechoslowakei vor, so in Mährisch-Ostrau[148] und Haida/Böhmen (Meißner, 1928) auf Anfragen in Zeitschriften. Als botanischer Name wird hier „Fungus Japonicus" angegeben. Ende der 20er Jahre brachten einige Apotheker den Teepilz unter Phantasienamen wie „Mo-Gû" oder „Fungojapon" auf den Markt[149].

In der zwanzigbändigen **Brockhaus-Enzyklopädie**[150] ist der Teepilz im zehnten Band aufgeführt: „Kombucha, die, japanischer Teeschwamm, Teepilz, Gallerte aus Bacterium xylinum mit nestförmig eingelagerten Hefezellen der Gattung Saccharomyces zur Bereitung eines apfelweinartigen Getränks."

Kargasok-Tee

Die Bezeichnung **„Kargasok-Tee"** soll auf folgende Begebenheit zurückgehen: Vor etwa 60 Jahren entdeckte eine Japanerin in Kargasok (Rußland) viele Menschen, die über 100 Jahre alt waren. Alte und Junge tranken täglich einen Tee, der mit Hilfe des Teepilzes hergestellt wurde. Die Japanerin nahm das Mittel, das Unsterblichkeit verleihen sollte, mit in ihre Heimat. Dr. Pan Pen berichtete später aus seinen jahrelangen Untersuchungen: Der Kargasoktee verlängert eindeutig das Leben, ist ein Mittel gegen Windpocken und Gürtelrose, verringert Faltenbildung, verhindert Krebs, verhindert Wechseljahre, verbessert die Sehkraft, stärkt die Beinmuskulatur, heilt Schweißfüße, Verstopfung, Durchfall, Gelenk- und Rückenschmerzen, Geschwüre, Arterienverkalkung, Diabetes, grauen Star, Herzinfarkt, stärkt die Nieren, vermindert Gallensteine und Fettleibigkeit, fördert den Schlaf, hilft gegen Reisekrankheit und Hämorrhoiden, graues Haar dunkelt nach und kahle Stellen wachsen zu. Ich fand diese Geschichte in einer Herstellungsanleitung ohne Autoren- und Quellenangabe. Mir scheint dieser Bericht etwas stark aufgetragen. Einen Dr. Pan Pen konnte ich in keinem der Literaturhinweise finden.

Gleichbedeutende Namen für den Teepilz

(Eine Auswahl, eine ausführliche Liste finden Sie in meinem Buch „Kombucha - Das Teepilzgetränk")

Brinum-Ssene (lettisch, = Wunderpilz), Cajnogo griba (georgisch), Cajnyj grib (russisch), Cembuya orientalis (lateinisch), Chamboucho (rumänisch), Champigon de la Charité (französisch), Champignon de longue vie (französisch), Champignon Japonais oder Chinois (französisch), Champignon miracle (französisch), Chinesischer Teepilz, Comboucha (französisch), Fungojapon (frühere Handelsbezeichnung), Fungus japonicus (pharmazeutische Bezeichnung), Gichtqualle, Heldenpilz, Indischer Teepilz, Japanischer Teepilz, Japanisches Mütterchen, Kargasok-Teepilz, Kocha Kinoko[151] (wörtlich Schwarztee-Pilz), Kinokocha[152] (wörtlich Pilz-Tee), Kwassan (Handelsbezeichnung für ein früheres Teepilzextrakt), Ling zhi oder Ling Tsche (chinesisch), Mandschurischer Pilz, Medusomyces Gisevii Lindau (veraltete Bezeichnung), Mo-Gû (frühere Handelsbezeichnung), Olinka (in böhmischen u. mährischen Klöstern), Russische Blume, Russische Qualle, Sakwaska (russisch, = Säure), Symbiont Schizosaccharomyces Pombe Bacterium xylinum (diese Bezeichnung gibt Dr. Bing, 1929, als wissenschaftlichen Namen an), Teepilz, Tschambucco, Wolgameduse, Wolgapilz, Wolgaqualle, Wunderpilz, Yaponge, Zauberpilz.

Ling Tsche (Göttlicher Pilz)

Gleichbedeutende Namen für das Teepilzgetränk

Cajnyj kvas (russisch), Kombuchakwaß, Kargasoktee, Medusentee, Pilztee, Tea cider (englisch), Teekwaß.

KAPITEL 12

Weltweit: Kombucha im Internet

Die Kombucha Mailingsliste

Über die amerikanische Kombucha Mailingliste lesen Sie fast jeden Tag ermutigende Berichte über die Wohltaten, die Kombucha seinen Fans bereitet hat. Wenn Sie weltweit mit den zahlreichen, erfahrenen und immer hilfsbereiten Kombucha-Begeisterten kommunizieren wollen (in englischer Sprache): Hier ist der richtige Platz. Sie sind willkommen!

So melden Sie sich zur Kombucha Mailingliste an:
Schicken Sie eine E-mail an **kombucha-request@mLists.net**
Die Betreff-Zeile (Subject) können Sie frei lassen.
Schreiben Sie in den Textteil Ihrer Nachricht diese beiden Worte untereinander: subscribe
end

Als Ergänzung habe ich eine neue Kombucha Mailingliste eingerichtet, die allen Kombucha-Anhängern gewidmet ist, die lieber in deutscher Sprache kommunizieren. Sie finden auf der **deutschen Kombucha Mailingliste** erfahrene und hilfsbereite Kombuchafreunde. Sie können sich hier anmelden: **http://www.kombu.de/k-deu.htm**

Ich empfehle Ihnen: Melden Sie sich sowohl bei der deutschen als auch der englischen Kombucha Mailingliste an. Sie werden großen Nutzen aus diesen Kontakten in aller Welt ziehen.

Wenn Sie Zugang zum Internet haben, durchsuchen Sie doch mal das weltweite Netz nach Beiträgen mit dem Wort „Kombucha“. Ich gab der Suchmaschine Altavista (http://www.altavista.com) einen Suchauftrag und bekam um die 500 Dokumente, erschlagend. Sicher, manche Seiten bieten Ihnen nicht viel und sind rein kommerzieller Art. Um die Suche einzugrenzen, wählen Sie als Sprache „German“.

Am besten besuchen Sie mal die objektiven Internetseiten des von Bob Williams betriebenen Kombucha Centers in den USA:

http://w3.trib.com/~kombu/. Das Kombucha Center wird auf privater, nichtkommerzieller Basis von Bob Williams betrieben. Sie finden hier die größte und objektivste Sammlung aller Kombucha-Themen, allerdings nur in Englisch.

Schließlich lade ich Sie ein, mein **„Kombucha-Journal"** im Internet zu besuchen. Es ist international und enthält informative Texte über Kombucha in bisher 24 Sprachen (weitere werden folgen). Hier ist die Adresse: **http://www.kombu.de/**. Hier können Sie die ausführliche deutsche Version wählen.

Last but not least, wie wärs' wenn Sie mal die Internetseiten meines Verlegers ansehen? Er hat sich auf Gesundheitsbücher spezialisiert: **http://www.ennsthaler.at.**

KAPITEL 13

Zwei Wege, um an Kombucha zu kommen

Wie komme ich an das Kombucha-Getränk

Nun haben wir soviel über Kombucha gesprochen, und Ihre Hauptfrage wird sein: „Ja, wie komme ich nun an diesen Trunk?"

Es gibt zwei Möglichkeiten:

- **Die billigere Möglichkeit ist**, sich von einem anderen Kombucha-Anhänger oder einem Züchter einen sogenannten Kombucha-Pilz zu besorgen und das Kombuchagetränk selbst herzustellen. Der Nachteil ist: Sie müssen etwas Zeit für die Zubereitung des Getränks investieren. Wichtig hierbei ist sauberes Arbeiten nach den altbewährten Regeln.
- **Die bequemere Variante ist**, sich das fertige Kombuchagetränk zu kaufen. Es ist Ihnen freigestellt, die Eigenproduktion gegenüber den Annehmlichkeiten des Fertigprodukts abzuwägen.

Ich gebe Ihnen hier sowohl die Anleitung für die Selbstherstellung als auch Bezugsquellen für das fertige Kombuchagetränk.

So gelingt Ihr Kombucha-Tee

Sie benötigen: • Einen einwandfreien, lebenskräftigen Kombucha-Teepilz • einen Kochtopf und Wasser • ein Gefäß aus Glas, Porzellan oder Ton • pro Liter Wasser etwa 70 g Zucker und 5 g Schwarztee, grünen Tee oder Kräutertee • ein luftdurchlässiges Tuch oder ein Papiertaschentuch • einen Gummiring, einen Trichter, ein Sieb.

Zubereitung
Gewichtsangaben pro Liter

1. Wasser in den Kochtopf gießen und auf dem Herd zum Kochen bringen.

2. Wenn das Wasser kocht, Topf vom Herd nehmen und Tee in das Wasser geben: Schwarzer oder **grüner Tee:** 1-2 Teelöffel (5 g), **Kräutertee:** 2 Teelöffel. Etwa 15 Minuten ziehen lassen.

Wenn Ihnen Schwarzer Tee oder Grüner Tee nicht zusagt, probieren Sie einfach selbst aus, welcher Tee Ihnen bekommt. Oder verwenden Sie folgende bewährte Kräutermischung (Mischung pro 100 Gramm): Schafgarbe 40 g, Löwenzahn 30 g, Brennessel 15 g, Bärlapp 15 g. Dieser Tee ergibt ein schmackhaftes, gesundes und appetitlich aussehendes Kombuchagetränk, in dem der Pilz gut gedeiht. Sie können sich diese Teemischung in jeder Apotheke zubereiten lassen. Am besten nehmen Sie folgende Teemischung: 1 Teil **grünen Tee** (also den unfermentierten Schwarztee) und 1 Teil der genannten **Kräutermischung** - also im Verhältnis 1:1 mischen.

Normalerweise läßt man den grünen oder schwarzen Tee nur etwa 3 bis 5 Minuten ziehen. Wir lassen den Tee für Kombucha länger ziehen, damit mehr Stickstoffe in die Flüssigkeit übergehen, die der Pilz für seinen Stoffwechsel benötigt.

3. Teeblätter durch ein Sieb abseihen bzw. Teebeutel aus dem Wasser nehmen.

4. Etwa **70 Gramm weißen Zucker** in die heiße Teeflüssigkeit schütten und umrühren, so daß der Zucker völlig aufgelöst wird. Als Anhaltspunkt zum Abmessen: Ein Teelöffel Tee = etwa 3 Gramm, ein Eßlöffel Zucker = etwa 20 Gramm.

5. Tee **abkühlen** lassen auf etwa Zimmertemperatur (20 - 25° C) und in ein Glas-, Porzellan- oder Tongefäß schütten. Wenn Sie den Finger in den Tee halten, darf sich der Tee nur noch ganz leicht warm anfühlen.

Legen Sie den Teepilz keinesfalls in den heißen Tee. Sonst bringen Sie ihn gleich am ersten Tag um.

6. Etwa **10 % fertigvergorenes Kombuchagetränk** zufügen. Wichtig zum besseren Starten des Gärvorgangs. Gleichzeitig wird der Tee damit vor schädlichen Mikroorganismen geschützt. In dem sauren Milieu können sich keine schädlichen Bakterien entwickeln.

7. Den Kombuchapilz in die Flüssigkeit einlegen. Er sinkt entweder unter oder schwimmt oben. Beides ist richtig. Wenn der Pilz untersinkt, wächst auf der Oberfläche des Tees ein neuer Pilz. Wie Sie Ihren Teepilz richtig vermehren, erklärt Ihnen alles ausführlich das unten erwähnte Buch. Sie sollten es sich kaufen - Ihnen und Ihrem Kombuchapilz zuliebe.

8. Gärgefäßöffnung mit einem Tuch (z.B. einem Geschirrtuch) oder einer Lage eines aufgetrennten Papiertaschentuchs abdecken. Diese Abdeckung mit Gummiband befestigen! (Sehr wichtig, damit keine Fliegen usw. reinkommen.)

9. Das Gärgefäß an einen ruhigen, warmen Platz stellen. Wichtig sind frische Luft und Wärme (nicht unter 20°, möglichst höher. Ideal: etwa 23°). Licht ist nicht erforderlich. Sehr grelles Sonnenlicht schadet.

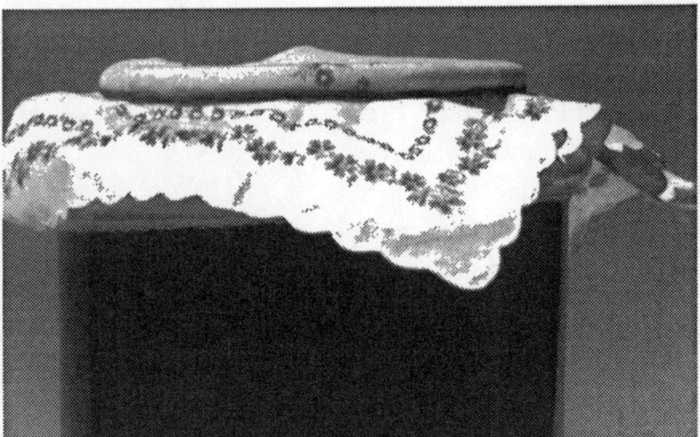

Pause von 8 bis 12 Tagen .... dann geht es so weiter:

10. Pilz mit sauberen Händen entnehmen, in zugedecktes Glas- oder Porzellangefäß legen.

11. Fertiges Getränk durch ein Sieb in Flaschen abfüllen. Etwa ein Zehntel fertiges Getränk muß zur Ansäuerung im Gefäß zurückbleiben bzw. wenn das Gefäß ausgewaschen wurde (siehe unter 12.) wieder zurückgeschüttet werden. Wenn Sie nicht gleich zu trinken anfangen wollen, stellen Sie die Flaschen mit dem fertigen Getränk an einen kühlen Ort. Sie können das fertige Getränk jedoch auch bei Zimmertemperatur aufbewahren.

12. Pilz mit fließendem kaltem oder lauwarmen Wasser vorsichtig abwaschen und wieder in das Gärgefäß legen. Hefesatz im Gärgefäß lassen, jedoch etwa alle vier Wochen ebenfalls ausgießen und Gefäß mit heißem Wasser ausspülen.

13. Und nun können Sie einen neuen Gärprozeß starten. Beginnen Sie wieder bei Ziffer 1. Gutes Gelingen!

Dies ist eine stark geraffte Kurzfassung. Näheres verrät Ihnen das **Buch** „KOMBUCHA - Das Teepilzgetränk" von Günther W. Frank. 13. Auflage, 152 Seiten, ISBN 3-85068-304-4. Dieses Buch ist ein Muß für jeden, der sein eigenes wohlschmeckendes, bekömmliches und wirksames Kombuchagetränk selbst herstellen will. Sie erhalten dieses Buch in allen Buchhandlungen. Sie sollten sich dieses Buch besorgen!

Bezugsquellen für Kombucha-Kulturen

- Kombuchakulturen werden tradtionell von Mensch zu Mensch als Zeichen der Freundschaft und des gegenseitigen Helfens weitergegeben. Vielleicht können Sie das Kombucha-Baby eines Freundes, Verwanten, Bekannten „adoptieren".
- Kommerzielle Kombuchazüchter verkaufen Kombucha-Kulturen zu den unterschiedlichsten Preisen, meistens um die 40 DM, teilweise bis zu 150 DM.
- Wenn Sie mir Ihre Postanschrift und eine Briefmarke für einen normalen Brief schicken, lasse ich Ihnen einen aktuellen Bezugsquellen nachweis für Kombuchakulturen zugehen. Meine Adresse: Günther W. Frank, Genossenschaftsstraße 10, D-75217 Birkenfeld, Deutschland. Oder schreiben Sie mir eine e-mail unter Frank@kombu.de.

Sie können das Kombucha-Getränk fix und fertig kaufen

Es gibt es Leute, die Ihr Kombuchagetränk aus irgendwelchen Gründen nicht selbst zubereiten wollen. Vielleicht sind sie in einem Altenheim ohne eigene Kochmöglichkeit. Vielleicht sind sie beruflich so stark eingespannt, daß sie keine Zeit zum Teekochen und für die Zubereitungsprozedur haben. Vielleicht ist es ihnen zu umständlich, Kombucha selbst herzustellen.

Sie können das Kombuchagetränk fix und fertig kaufen. Ich gebe hier die Adressen einiger Kombucha-Hersteller bekannt. Die Angaben beruhen auf Mitteilung der Hersteller. Wie bei dem selbsthergestellten Kombuchagetränk werden Sie auch bei den im Handel befindlichen Produkten feststellen, daß der Geschmack variieren kann. Es kann auch beobachtet werden, daß das Getränk manchmal mehr, manchmal weniger moussiert. Der Grund: Kombucha ist ein aktives, lebendiges Lebensmittel. Kombucha arbeitet auch in der Flasche weiter und kann dadurch den Geschmack im Lauf der Lagerzeit verändern. Auch die Kohlensäure, die Ursache für das Prickeln des Getränks, bildet sich im Laufe der Lagerzeit vermehrt, so daß das Getränk nach einiger Zeit fast wie Sekt schäumt. Die Geschmacksveränderung bei längerer Lagerung ist ein Qualitätsmerkmal dafür, daß keine Konservierungsmittel verwendet und das Getränk nicht pasteurisiert wurde.

Das Schäumen (Moussieren) des Getränks ist kein Maßstab für die Qualität des Getränks, jedoch ein angenehmer Nebeneffekt, der das Getränk erst richtig appetitlich aussehen läßt. Es gibt jedoch auch hochwertige Kombuchagetränke, das fast nicht moussieren. Je nach Abfüllmethode entweicht die Kohlensäure beim Abfüllen und bildet sich erst allmählich wieder während der Lagerzeit.

Bezugsquellen

Die Angaben und Formulierungen beruhen größtenteils auf Auskünften der Hersteller.

Kombucha (mit dem Bogenschützen)

Das Getränk wird nach dem Rezept des Tiroler Heilpraktikers Ferdinand Stock hergestellt. Mit einer speziellen Kräutermischung angesetzt, die dem Produkt nicht nur seine besondere Wirksamkeit, sondern auch seinen köstlichen und belebenden Geschmack verleiht. Sein einzigartiger Geschmack hat das Getränk zur alkoholfreien Getränkealternative in der Szenegastronomie genauso wie zum gesunden Lieblingsgetränk vieler Kinder macht. Erhältlich in Drogerien, im Lebensmittelhandel und zunehmend in der gehobenen Gastronomie in Österreich und Deutschland.

Preis etwa 7 bis 8,50 DM pro 1-Liter-Flasche.

Auskünfte beim Hersteller:
Stock Vital GmbH, Brunn 115,
A-5330 Fuschl am See,
Österreich
Telefon (+43) (0) 6 62-65 82-0,
Fax (+43) (0) 6 62-65 82-31
Niederlassung in Deutschland:
Stock Vital GmbH, Viktoriastraße 3, D-65189 Wiesbaden
Telefon 06 11 - 9 02 74 00,
Fax 06 11-9 02 74 20
Vertrieb für Deutschland:
Henkell & Söhnlein
Sektkellereien KG,
Biebricher Allee 142,
D-65187 Wiesbaden
Tel. 06 11 - 63-0,
Fax 06 11 - 6 31 04

Kombu'Cha Natur Pur

Hergestellt mit natürlich vitalisiertem Wasser, 17 Kräutern und Grünem Tee, 100 % Bio, nicht pasteurisiert, vollwertiges Enzymgetränk.
Preis etwa 8 DM pro 1-Liter-Flasche.
Erhältlich in Reformhäusern und Naturkostläden.
Voelkel KG, Natursäfte, Pevestorf 23, D-29478 Höhbeck
Tel. 0 58 46 - 95 00, Fax 0 58 46 - 9 50 68

Fischers Tsche - Kombucha

Hergestellt in 100jähriger Familientradition aus verschiedenen Kräutern. Alle Zutaten aus kontrolliert biologischem Anbau. Zertifiziert durch DE-024-Öko-Kontrollstelle. Nicht pasteurisiert.
Preis 7 bis 9 DM pro 1-Liter-Flasche.
Erhältlich in Naturkostläden, Restaurants oder durch Direktversand bei D. Fischers Bioprodukte, Metzer Str. 67, D-66117 Saarbrücken
Tel. 06 81 - 7 36 26, Fax: 06 81 - 7 36 25

Kombucha (mit der Yin und Yang Sonne)

Hergestellt aus Grünem Tee und Kräutern.
Erhältlich im Lebensmitteleinzelhandel Deutschlands.
Hersteller: Vitalbrunnen Red Buster Getränkevertrieb GmbH,
A-1010 Wien, Österreich
Vertrieb und Auskünfte:
Altmühltaler Heilquellen GmbH, Bahnhofstr. 48,
D-91757 Treuchtlingen
Telefon: 091 42 - 8 03-0, Fax 0 91 42 - 8 03-55

Beutelsbacher Bio Kombucha

Hergestellt aus Quellwasser, Grünem Tee, Kräutern und Öko-Zucker. Nicht pasteurisiert. Alle Zutaten aus kontrolliert biologischem Anbau. DE-007-Öko-Kontrollstelle.
Preis 7,48 DM (0.75 Liter).
Erhältlich im Naturkostfachhandel und in Reformhäusern
Hersteller: Beutelsbacher Fruchtsaftkelterei GmbH,

Postfach 1130, D-71365 Weinstadt-Beutelsbach
in Zusammenarbeit mit Top Fit Naturkost,
Lenaustraße 12, D-70736 Fellbach
Tel. 07 11 - 9 55 99 10, Fax 07 11 - 5 49 62 99

Beutelsbacher Bio Amrita
Ein dem Kombuchagetränk ähnliches Bio Enzym-Gärgetränk. Hergestellt aus Quellwasser, enzymreichen tropischen Früchten, Kräutern und Öko-Zucker. Alle Zutaten aus kontrolliert biologischem Anbau.
Nicht pasteurisiert.
Preis 7,90 DM (0.75 Liter).
Erhältlich im Naturkostfachhandel und in Reformhäusern.
Besonderheit: Mit Amrita lassen sich gesunde und sehr leckere Cocktails herstellen. Rezepte erhältlich beim Hersteller:
Beutelsbacher Fruchtsaftkelterei GmbH, Postfach 1130,
D-71365 Weinstadt-Beutelsbach
in Zusammenarbeit mit Top Fit Naturkost,
Lenaustraße 12, D-70736 Fellbach
Tel. 07 11 - 9 55 99 10, Fax 07 11 - 5 49 62 99

Kombucha nach Dr. Sklenar
Hergestellt aus Schwarzem Tee und weißem Zucker
nach Rezeptur des Arztes Dr. Rudolf Sklenar.
Preis etwa 15 DM pro 1-Liter-Flasche.
Erhältlich in Reformhäusern und Drogerien
Dr. med. Sklenar Bio-Produkte GmbH,
Josef-Baumann-Str. 39, D-44805 Bochum
Tel. 02 34 - 89 16 60, Fax 02 34 - 8 91 66 66

Dr. Meixners Combucha-Teekwaß „rosé"
Hergestellt aus Schwarz- und Kräutertee.
Preis 10 DM pro 1-Liter-Flasche.
Erhältlich direkt beim Hersteller oder in Apotheken
Interpilz Dr. Meixner GmbH, Sonntagweg 6c, D-70569 Stuttgart
Tel. 07 11 - 6 87 66 06, Fax 07 11 - 6 78 83 80

Kombucha „VitaPur"

Hergestellt mit Bioland-Honig und Bioland-Kräutern.
Preis 10 bis 12 DM pro 1-Liter-Flasche.
Erhältlich in Naturkostläden und Reformhäusern und per Versand beim Hersteller Öko-Getränke und Naturkost Roland Geist GmbH, Kirchenrain 11, D-74613 Öhringen
Tel. 0 79 41 - 3 94 94, Fax 0 79 41 - 3 94 95

Chi

Ein dem Kombuchagetränk ähnliches Enzym-Gärgetränk, Früchte-Chi und Blüten-Chi.
Preis 9,80 DM pro pro 1-Liter-Flasche.
Erhältlich in Reformhäusern, in der Schweiz auch in Drogerien und Naturkostläden.
Hersteller: Soyana, Turmstr. 6, CH-8952 Schlieren, Schweiz
Tel. 01 - 7 31 12 00, Fax 01 - 7 31 12 75
Alleinvertrieb für Deutschland:
Vitam Hefe-Produkt GmbH, Walter-von-Selve-Str. 2, D-31789 Hameln
Tel. 0 51 51 - 9 54 00, Fax 0 51 51 - 95 40 66

Fußnoten und Anmerkungen

(1) Berliner Kurier vom 08. Mai 1998

(2) Freundin (München) Nr. 18 vom 12. August 1998, Seite 16

(3) Rückert, U.: Wunderheiler Kombucha-Pilz. Frau im Spiegel (Hamburg) Nr. 28 vom 01. Juli 1998, Seiten 66 bis 67

(4) Westdeutscher Rundfunk, 15.06.98, 18:20 bis 18:50: Service-Zeit, Kostprobe: „Kombucha - Wundertee mit viel Geschmack“ von Fromut Pott (siehe auch im Internet unter http://www.wdr.de/tv/kostprobe/kp_sarchiv/1998/06/15_3.html)

(5) PRO 7 Fernsehsendung „Brisant“ am 24. August 1995: Kombucha (ein Bericht über Günther W. Frank)

(6) Schaertel, M.: Ober ein Pilz bitte. Focus (München) Nr. 34 vom 21.08.95, Seite 128

(7) Bowditch, R.: A Magic Mushroom or a Toxic Fad, The New York Times, 28.12.1994

(8) Valentine, T.: Kombucha, a fermented beverage with real „Zing“ in it. Search For Health, Volume 1, Number 6, July/August 1993.

(9) Frank, G.: Kombucha - Healthy beverage and natural remedy from the Far East. 9. Auflage 1995. Ennsthaler, Steyr, Österreich

(10) Frank, G.: Kombucha - Das Teepilzgetränk. Praxisgerechte Anleitung für die Zubereitung und Anwendung. 14. Auflage 1999. Ennsthaler, Steyr, Österreich

(11) Junkelmann, M.: Die Ernährung des römischen Heeres. Sonderdruck aus Humanistische Bildung Heft 17/1994. 123 Seiten (Limes-Museum, Aalen)

(12) Steinkraus, K.H. et al: Investigations into the Antibiotic Activity of Tea Fungus/Kombucha Beverage. Acta Biotechnol. 16 (New York 1996) 2-3, 199-205

(13) Mayser, P. et al: The yeast spectrum of the tea fungus Kombucha. Mycoses 38, 7-8, Juli/August 1995

(14) Hermann, S.: Über die sogenannte Kombucha II. Biochemische Zeitschrift 192 (1928), 188-199. Seite 198: „Die Kombucha stellt eine Pilzgenossenschaft dar, in welcher sich neben Hefen und Bacterium xylinum sowie Bacterium xylinoides ein bisher unbekanntes Bakteri-

um vorfindet, welches Traubenzucker quantitativ in Gluconsäure überführt. Dieses Bakterium wird von uns Bacterium gluconicum genannt. (...) Es wäre möglich, daß gerade das hier vorliegende gluconsäurebildende Bakterium bei seinem Wachstum zur Bildung von Substanzen führt, welche das eigentliche, therapeutisch wirksame Agens darstellen. In Analogie zu anderen Erfahrungen könnte man an vitaminartige Substanzen denken. Die Gluconsäurebildung wäre dann bloß ein Indikator für das Vorhandensein und die Tätigkeit dieser Mikroorganismen."

(15) Bing, M.: Der Symbiont Bacterium xylinum Schizosaccharomyces Pombe als Therapeutikum. Die medizinische Welt 2 (42), 1576-1577, (1928). Die tropische Pombehefe dient in ihrer Heimat zur Zubereitung des Hirsebieres der Eingeborenen. Sie besitzt besonders kräftiges Gärvermögen.

(16) Reiß, Jürgen: Der Teepilz und seine Stoffwechselprodukte. Deutsche Lebensmittel-Rundschau 83 (9/1987), 286-290. Grafik mit freundlicher Erlaubnis des Autors und des Verlags übernommen.

(17) Sournia, J. C. und Mitarbeiter: Illustrierte Geschichte der Medizin in 9 Bänden, Band 1, Verlag Andreas & Andreas, Salzburg 1980 (S. 79-81)

(18) Sournia, J. C. und Mitarbeiter: Illustrierte Geschichte der Medizin in 9 Bänden, Band 2, Verlag Andreas & Andreas, Salzburg 1980, Seiten 655-656 (Kapitel „Die japanische Medizin" von Alain Briot)

(19) Lindau, G.: Über Medusomyces Gisevii, eine neue Gattung und Art der Hefepilze. Ber. dt. bot. Ges. 31 (1913), 243-248

(20) Harms, H.: Der japanische Teepilz. Therapeutische Berichte, Leverkusen (1927), 498-500

(21) Stadelmann, E.: Der Teepilz und seine antibiotische Wirkung (Eine Bibliographie). Zentralblatt Bakt. I. Abt. Ref. 180 (1961), 401-435

(22) De Bergcultures (6, 1932) Djakarta

(23) A. Vogels Gesundheitsnachrichten 48, 2/1991 (Teufen, Schweiz), 32

(24) Kombucha ist erfrischend und unschädlich. Hessische Allgemeine - Sonntagszeitung Nr. 24, 14. Juni 1992, Seite 24

(25) Hager, Hermann (Begr.); P. H. List u. L. Hörhammer (Hrsg.): Hagers Handbuch der Pharmazeutischen Praxis für Apotheker, Arzneimittel-

hersteller und Medizinalbeamte. 4. Band, 4. Neuausgabe, Springer-Verlag, Berlin/Heidelberg/New York 1973

[26] Weidinger, H.-J.: Kombucha, „Tee" der aus dem Meere kam. Ringelblume Nr. 4/ 1988, 25-33

[27] Ärztliche Praxis 39, 88 (1987), S. 2660-2662

[28] Winkler, M.: Was heißt Entschlackung? Ärztliche Praxis Nr. 73, 12.09.92, Seite 9

[29] Birkelbach, D.:Erkrankungen des rheumatischen Formenkreises. Praxis-Telegramm 7 (Oktober 1997). 24-25. Ralf Reglin Verlag, Köln (Schaubild mit freundlicher Genehmigung des Verlags übernommen)

[30] Birkelbach, D.:Erkrankungen des rheumatischen Formenkreises. Praxis-Telegramm 7 (Oktober 1997). 24-25.

[31] Professor Dr. G. Enderlein (1872-1968) hat die verschiedenen Entwicklungsphasen der Mikroorganismen erkannt. Nach Enderlein bilden alle Mikroorganismen Teile eines Entwicklungskreislaufs. Die Mikroben in ihrer einfachen Form, die Chondrite, leben in Einklang mit dem menschlichen Körper und leisten unverzichtbare Arbeit in einem gesunden Stoffwechsel. Sie können sich jedoch zu parasitären krankmachenden Formen, den Endobionten, entwickeln. Dies geschieht nur dann, wenn die Symbiose der Mikroben mit dem Körperumfeld gestört ist. Entscheidende Bedeutung hat das innere Körpermilieu.

[32] Enderlein, G.: Akmon. Band I, Heft 1 und 2. Ibica-Verlag 1955 und 1967 und Band I, Heft3 1959. Akmon-Verlag, Aumühle/Hamburg

[33] Schuitemaker, G.E.: Immunkrankheiten. ORTHOsupplement (Baarn, Niederlande) Nr. 1, 1988, 1-3

[34] Wiechowski, W.: Welche Stellung soll der Arzt zur Kombuchafrage einnehmen? Beiträge zur ärztlichen Fortbildung 6 (1/1928), 2-10

[35] Wiechowski, W.: Welche Stellung soll der Arzt zur Kombuchafrage einnehmen? Beiträge zur ärztlichen Fortbildung 6 (1/1928), 2-10

[36] Carstens, V.: Hilfe aus der Natur - Meine Mittel gegen den Krebs. Quick Nr. 43/1987, 60-64

[37] Dinslage, E. u. W. Ludorff: Der „indische Teepilz". Zeitschrift für Untersuchung der Lebensmittel 53 (1927), 458-467

[38] Gamundi, R., Valdivia, M.: The Kombucha mushroom: two different opinions. Sadihora 34-5, Okt./Nov. 1995, 9608

(39) List, P. H. u. W. Hufschmidt: Basische Pilzinhaltsstoffe. 5. Mitteilung über biogene Amine und Aminosäuren des Teepilzes. Pharm. Zentralhalle 98 (1959), 593-598. Nachweis einer Reihe von Stickstoffverbindungen: Aethylamin, Adenin, Cholin und 14 Aminosäuren.
(40) Hermann, S.: Über die sogenannte Kombucha I. Biochemische Zeitschrift 192 (1928), 176-199. Serite 177: „Die Gluconsäure ist zwar als Einwirkungsprodukt einer bereits bekannter Bakterienarten auf Traubenzucker bekannt, aber sie wird nach den Angaben der Literatur mit einer Ausnahme nur in verhältnismäßig geringer Menge gebildet. Die Kombucha bildet sie jedoch in großen Mengen und Konzentrationen."
(41) Irion, H. (Hrsg.): Fungus japonicus, Fungojapon Kombucha - Indisch-japanischer Teepilz. In: Lehrgang für Drogistenfachschulen in 4 Bänden, Band 2: Botanik/Drogenkunde. 4. Auflage, S. 405, 528 Seiten, Verlagsgesellschaft Rudolf Müller, Eberswalde-Berlin-Leipzig 1944
(42) Köhler, Valentin: Glukuronsäure macht Krebspatienten Mut. Ärztliche Praxis 33 (1981), 887
(43) Köhler, V. u. J. Köhler: Glucuronsäure als ökologische Hilfe, S. 56-62. In: Kaegelmann, H. (Hrsg. u. Mitautor): Sofortheilung des Waldes, 1. Band, 2. erweiterte Auflage, Verlag zur heilen Welt, Windecke-Rosbach 1985
(44) Die folgenden Angaben und Erklärungen beruhen auf meinen persönlichen Gesprächen und fruchtbarem Schriftwechsel mit Herrn Dr. Köhler. Sie wurden bisher nicht veröffentlicht.
(45) Fasching, R.:Teepilz Kombucha. Das Naturheilmittel und seine Bedeutung bei Krebs und anderen Stoffwechselkrankheiten. Steyr 1997
(46) Carstens, V.: Diagnose und Therapie von Krebs mit Mitteln der Erfahrungsheilkunde. Schriftenreihe Natur und Medizin, Heft 4. Bonn 1989
(47) Rosler, P.: Die Darmflora - Bedeutung, Kontrolle und diagnostische Möglichkeiten. Praxis-Telegramm 7 (5/97, Oktober 1997), 32-33
(48) a.a.O.
(49) Knieriemen, H.: Der Lactobacillus und die Gesundheit. Natürlich (Aarau, Schweiz) Nr. 10/1998. 77
(50) „Probiotics: What They Are and How They Work" Handout, MED NET (http://www.bgarc.com/probiot.html).

[51] Carol Radice, „Digesting the Facts About Probiotics,“ Vitamin Retailer, October 1994, p. 37.
[52] Finck, H.: Freundliche Bakterien - die unsichtbaren Helfer. 111 Seiten. München 1991
[53] „Acidophilus-Because Balance is Important“ Health Counselor Vol.6, No. 5., p.40.
[54] Tomoda, T. et al: Intestinal Candida overgrowth and Candida infection in Patients with Leukemia: Effect of Bifidobacterium Administration. Bifididobacteria Microflora 7 (2, 1988), 71-74
[55] Glaesel, K.O.: Heilung ohne Wunder und Nebenwirkungen: Gesundheit biologisch gesteuert durch den Wasser-, Elektrolyt- und Säure-Basen-Haushalt als Grundfunktion und erste Ursache chronischer Krankheiten. Konstanz 1994. Seite 42.
[56] Hudault, S. und V. Lievin und M.F. Bernet-Carnard und A.L. Servin: Antagonistic activity exerted in vivo and in vitro by Lactobacillus casei against Salmonella typhimurium C5 infection. All Environm Microbiol 63 (1997), 513-518
[57] Majaarna, H. und E. Isolauri und M. Saxelin und T. Vesikari: Lactid acid bacteria in the treatment of acute rotavirus gastroenteritis. J Pediadr Gastroenterol Nutr 20 (1995), 333-338
[58] Probiotics: What they are and how they work. Handout on MedNet, 1. http://www.bgarc.com/probiot.html
[59] Messing, N. und H. Metz: Hefen und Bakterien stärken unsere Gesundheit. 150 Seiten. Bad Schönborn 1998
[60] Nach Keusemann, S. und G. Krewer: Probiotische Milchprodukte. AID Special 3469, 1998
[61] Christopher Hobbs, Foundations of Health, The liver and digestion herbal (Capitola, CA: Botannica Press 1992), pps. 66-67.
[62] „Acidophilus-Because Balance is Important“ in Health Counselor Vol. 6, No.5, p. 40.
[63] Neuhofer, C.: Umwelt und Ökosystem Darm-Leber. Erfahrungsheilkunde 2 (1993), 50-52
[64] Manuel J. et al: Stimulation by a bacterial extract of the metabolic and functional activities of murine macrophages. Int J Immunopharmacol 11 (1989), 637-645

(65) Emmerich, B. et al: Lokale Abwehrmechanismen der Lunge und ihre Beeinflussung durch Bakterienextrakte. Allergologie 10 (1987), 447-454
(66) Perdigon G. et al: Immune system stimulation by probiotics. J Dairy Sci 78 (1995), 1597-1606
(67) Hatcher G.E. et al: Augmentation of macrophage activity by cell free extracts of selected lactid acid producing bacteria. J Dairy Sci 76 (1993), 2485-2492
(68) Finck, H.: Freundliche Bakterien - die unsichtbaren Helfer. 111 Seiten. München 1991
(70) Weber, G.: Behandlung der Akne mit einem Hefepräparat. Fortschritte der Medizin 26 (1989), 563-566. Symposium „Autointoxikation - eine latente Gefahr?“, 103. Kongreß der Deutschen Gesellschaft für Innere Medizin, April 1997, Wiesbaden
(71) Enzyme - die sanften Katalysatoren. Internet http://www.transgen.de/Anwendung/Enzym/abstrakt.html
(72) Glaesel, K.O.: Heilung ohne Wunder und Nebenwirkungen: Gesundheit biologisch gesteuert durch den Wasser-, Elektrolyt- und Säure-Basen-Haushalt als Grundfunktion und erste Ursache chronischer Krankheiten. Konstanz 1994. Seite 229.
(73) Zimmermann, W.: Wogegen hilft der Kombucha-Pilz? Fortschritte der Medizin 107 (1989), Nr. 12, 13
(74) List, P. H. u. W. Hufschmidt: Basische Pilzinhaltsstoffe. 5. Mitteilung über biogene Amine und Aminosäuren des Teepilzes. Pharm. Zentralhalle 98 (1959), 593-598
(75) Köhnlechner, M.: Biologische Medizin heute. Frankfurt 1993 (Ullstein-Verlag), Seite 178
(76) Köhnlechner, M.: Biologische Medizin heute. Frankfurt 1993 (Ullstein-Verlag), Seite 184
(77) Apotheke online: Enzyme. Internet http://ipa.seiten.de/apotheke-online/Archiv/2-96/Enzyme.html
(78) Schuitemaker, G.E.: Immunkrankheiten. ORTHOsupplement (Baarn, Netherlands) Nr. 1, 1988, 1-3
(79) Kostprobe - 15. Juni 1998 /Kambucha: Wundertee? (Westdeutscher Rundfunk).
Internet http://www.wdr.de/tv/kostprobe/kp_sarchiv/1998/06/15_3.html

[80] Dr. S. K. Dash, „Acidophilus: The Friendly Bacteria," in Total Health, April 1995, p. 27.
[81] Mollenda, L.: Kombucha, ihre Heilbedeutung und Züchtung. Deutsche Essigindustrie 32 (27/1928), 243-244
[82] Die Firma Stock Vital GmbH nennt folgende Werte. 100 ml Kombucha enthalten: Brennwert 146 kJ (34 kcal), Eiweiß 0,1 g, Kohlenhydrate 8,5 g, Fett 0 g. Dies entspricht 7 Broteinheiten (7 BE) pro Liter, die zu den Tagesmengen addiert werden müssen.
[83] Reiß, J.: Der Teepilz und seine Stoffwechselprodukte. Deutsche Lebensmittel-Rundschau 83 (9/1987), 286-290
[84] Mehnert, H. u. H. Förster: Stoffwechselkrankheiten, 1. Auflage, 355 Seiten, Georg Thieme Verlag Stuttgart 1975, Seite 204
[85] Abele, J.: Teepilz Kombucha bei Diabetes? Der Naturarzt 110 (12/1988), 31
[86] Schneidrzik, W. E. J.: Die richtige Arznei, 352 Seiten, Gustav Lübbe Verlag, Bergisch Gladbach, 1985
[87] Körner, H.: Kombucha-Zubereitung wurde von Sportmedizinern getestet. Natura-med (Neckarsulm) 4 (10/1989), 592
[88] Danielova, L. T. u. G. A. Šakarjan: Teyi saki koultouran ew nra kiraroumĕ anasnapahoutyan mej. Erewan: gitoutyan glxavor varčoutyan hratarakčoutyoun. 160 Seiten, 1959 (Die Kultur des Teepilzes und dessen Verwendung in der Viehzucht. Erewan: Verlag der Hauptverwaltung für Landwirtschaft) 122
[89] Anonymous: Kombucha - fast ein neuer Zaubertrank. Strick & Schick (Bergisch Gladbach) Nr. 4 (April 1990), 26-27
[90] Bačinskaja, A. A.: O rasprostranenii „čajnogo kwasa" i Bacterium xylinum Brown. Žurnal Microbiologii (Petrograd) 1 (1914), 73-85 (Von der Verbreitung des „Teekwaß" und des Bacterium xylinum Brown)
[91] Bazarewski, S.: Über den sog. „Wunderpilz" in den baltischen Provinzen. Correspondenzblatt Naturforscher-Verein, Riga 57, (1915), 61-69
[92] Lindner, P.: Über Teekwaß und Teekwaßpilze. Mikrokosmos 11 (1917), 93-98
[93] Kobert, R.: Teekwaß. Mikrokosmos 11 (1917/18), 159
[94] Rudat, K.-H.: Was tun, wenn Rheuma plagt? Natur & Heilen 75 (10/1998), 586-591

(95) Henneberg, W.: Handbuch der Gärungsbakteriologie, 1. Band (Allgemeine Gärungsbakteriologie, Praktikum und Betriebsuntersuchungen. Unter besonderer Berücksichtigung der Hefe-, Essig- und Milchsäurepilze), 2. Auflage, 604 Seiten, Verlag Paul Parey, Berlin 1926 (a)

(96) Madaus. In: Biolog. Heilkunst Nr. 15 und 20/27 (1927). Zitiert von Arauner (1929), nähere Angaben nicht zu ermitteln

(97) Lakowitz, N.: Teepilz und Teekwaß. Apotheker-Zeitung 43 (1928), 298-300

(98) S.: Der „japanische Teepilz" - Die Weiße Fahne, Zeitblätter zur Verinnerlichung und Vergeistigung (Pfullingen, Württemberg) 9 (4/1928), 184-185

(99) Bing, M.: Heilwirkung des „Kombuchaschwammes". Umschau 32 (1928), 913-914

(100) Dinslage, E. u. W. Ludorff: Der „indische Teepilz". Zeitschrift für Untersuchung der Lebensmittel 53 (1927), 458-467

(101) Hermann, S.: Die sogenannte „Kombucha". Umschau 33 (1929), 841-844

(102) Wiechowski, W.: Welche Stellung soll der Arzt zur Kombuchafrage einnehmen? Beiträge zur ärztlichen Fortbildung 6 (1/1928), 2-10

(103) Mollenda, L.: Kombucha, ihre Heilbedeutung und Züchtung. Deutsche Essigindustrie 32 (27/1928), 243-244

(104) Arauner, E.: Der japanische Teepilz. Dtsch. Essigindustrie 33 (2/1929), 11-12

(105) Irion, H. (Hrsg.): Fungus japonicus, Fungojapon Kombucha - Indisch-japanischer Teepilz. In: Lehrgang für Drogistenfachschulen in 4 Bänden, Band 2: Botanik/Drogenkunde. 4. Auflage, S. 405, 528 Seiten, Verlagsgesellschaft Rudolf Müller, Eberswalde-Berlin-Leipzig 1944

(106) Barbančik, G. F.: čajnyj grib i ego lečebnye svojstva. Izdame Tret'e. Omsk: Omskoe oblast-noe knižnoe izdatel'stvo. 54 Seiten (Der Teepilz und seine therapeutischen Eigenschaften. Dritte Auflage). 1958

(107) Danieljan, L.T.: Lecebnye svojstva cajnogo griba (Die Heilwirkungen des Teepilzes). Erewan 1991

(108) Bayern 3: Fernsehsendung „Die Sprechstunde" am 09. August 1994, 20.00 bis 21.00 Uhr, Moderation Dr. Antje-Katrin Kühnemann

(109) Anonymous: Kombucha trinken - den Körper entgiften, Neue Gesund-

heit (Klambt-Verlag GmbH&Cie. Baden-Baden) Nr. 3, März 1998, 24
(110) Anonymous: Kombucha - fast ein neuer Zaubertrank. Strick & Schick (Bergisch Gladbach) Nr. 4 (April 1990), 26-27
(111) WDR-Fernsehen 15. Juni 1998, 18.20-18.50 Uhr, ServiceZeit - Kostprobe: „Kombucha - Wundertee mit viel Geschmack"
(112) Anonymus: Natürlich gesund mit Kombucha-Tee. Guter Rat 3/98, 90-92
(113) Bartholomew, A. und M.: Kombucha Tea for your health and healing. Bath 1998
(114) Bergold, M.: Teepilz Mo-Gu. Informationsblatt der Waischenfelder Apotheke, Waischenfeld, Fränkische Schweiz
(115) Golz, H.: Kombucha. Ein altes Teeheilmittel schenkt neue Gesundheit. München 1990
(116) Prof. Dr. Dr. Karl Heinz Schmidt in Radiosendung ffn (Niedersachsen) am 29.07.98, 17.00 Uhr
(117) Prof. Dr. Ulf Stahl im Fernsehsender ORB (Ostdeutscher Rundfunk Brandenburg) am 16.06.98, Sendung Polylux. Zweitausstrahlungen am 05.08.98 HR 3 und 12.08.98 N 3
(118) WDR 3 (Westdeutscher Rundfunk). Servicezeit, 15.06.98. Zweitausstrahlungen am 22.06.98 SFB und 23.06.98 3 SAT
(119) Schuitemaker, G.E.: Immunkrankheiten. Orthosupplement (Baarn, Netherlands) Nr. 1, 1988, 1-3
(120) Rückert, U.: Kombucha-Tee - das geheimnisvolle Heilmittel. Bio-spezial-Magazin (Tutzing) Nr. 1/1988, 22-23
(121) Mann, U.: Verblüffend - ein Pilz kuriert den Darm. Bild und Funk Nr. 35 (26.08.1988). Burda GmbH Offenburg
(122) Stolze, L.: Gesundes Frühstück, Kapitel „Ein Gläschen in Ehren". Schrot & Korn Nr. 9/1992, 17-19
Kaminski, A.: Ärzte: Pilz heilt Frauenleiden. Bild der Frau Nr. 2 (11.01.1988).
(123) Axel Springer Verlag, Hamburg
(124) a.a.O.
(125) Soraya Shantiay: Kombucha inhibits malignant cell growth. Magazine „Barg-e-sabs" (green leave magazine, Teheran/Iran) 5 (Nr. 25, März 1996), Seiten 18, 19, 54

(126) Blumenschein, W.: Biologische Heilweisen bei Krebs. 2. Auflage. 112 Seiten. Steyr 1987, Seite 23
(127) Sklenar, Rudolf: Ein in der Iris sichtbarer Test für eine Stoffwechselstörung, kontrolliert an Hand von Dunkelfelduntersuchungen des Blutes nach Scheller. Erfahrungsheilkunde 13 (3/1964)
(128) Issels, Josef, Dr.: Persönlicher Brief vom 05.07.96
(129) Issels, J.: Mehr Heilungen von Krebs. Bad Homburg 1972
(130) Carstens, V.: Hilfe aus der Natur meine Mittel gegen den Krebs. Quick Nr. 43/1987, 60-64
(131) Vogel, A.: Krebs - Schicksal oder Zivilisationskrankheit? 405 Seiten, Verlag A. Vogel, Teufen (Schweiz) 1987
(132) Körner, H.: Wichtige Forschungsergebnisse mit Polysacchariden. SANUM-Post (Hoya) Nr. 28. September 1994, S. 21-22
(133) Müller-Kehrmann, Harald: Isolierung und in vitro-Testung immunmodularer Substanzen mittels humaner Zellkultursysteme. Ludwigshafen 1990
(134) Körner, H.: Wichtige Forschungsergebnisse mit Polysacchariden. SANUM-Post (Hoya) Nr. 28. September 1994, S. 21-22
(135) Wiesner Laboratories, Schwanewede 1987
(136) Müller, G.: Ein Geschenk des Himmels. Salem-Hilfe 15, Nr. 3, August 1987, Seite 2
(137) Henneberg, W.: Handbuch der Gärungsbakteriologie, 2. Band (Spezielle Pilzkunde, unter besonderer Berücksichtigung der Hefe-, Essig- und Milchsäurebakterien), 2. Auflage, 404 Seiten, Verlag Paul Parey, Berlin 1926 (b)
(138) Laut meinem Informanten: „ Die Anmerkungen beziehen sich auf Solschenizyns Werke in den Urfassungen der seinerzeit illegalen russischen Selbstverlage (Samoisdatelstwo). In ihnen ist allerdings nicht von Kombucha, sondern vom Teepilz die Rede. In den von deutschen Verlagen in deutscher Sprache offensichtlich gekürzten und verändert gedruckten Werken fehlen diese Hinweise allerdings. (...) Bei den deutschen Veröffentlichungen bestehen nicht nur hinsichtlich Kombucha, sondern auch in anderer inhaltlicher Sicht riesige Abweichungen. So ist auch der Umfang der Werke in deutscher Sprache stark komprimiert worden.“

(139) Wiesner Laboratories, Schwanewede 1987
(140) Götz, G.: Kombucha - der Wunderpilz, der Millionen Gesundheit schenkt. 12 Folgen in „Das Neue", Hefte 3 (18.01.88) bis 14 (02.04.1988). Heinrich Bauer Verlag, Hamburg
(141) a.a.O.
(142) Hermann, S.: Die sogenannte „Kombucha". Umschau 33 (1929), 841-844
(143) Tschirch, A.: Handbuch der Pharmakognosie. 2. Band, Tauchnitz, Leipzig 1912 (S. 306)
(144) Steiger, K. E. u. E. Steinegger: Über den Teepilz. Pharmaceutica Acta Helvetiae 32 (1957), 133-154
(145) Meixner, A.: Combucha, der Teepilz. Südwestdeutsche Pilz-Rundschau Nr. 2/1983, 1-4
(146) Popiel, L. v.: Zur Selbstherstellung von Essig. Pharmaz. Post (Wien) 50 (80/1917), 757-758
(147) Hermann, S.: Die sogenannte „Kombucha". Umschau 33 (1929), 841-844
(148) Pletznitzky, A., Ars Medici (Wien) 17 (1927), 604
(149) Steiger, K. E. u. E. Steinegger: Über den Teepilz. Pharmaceutica Acta Helvetiae 32 (1957), 133-154
(150) Brockhaus-Enzyklopädie, Band 10 (17. Auflage, 1970, Wiesbaden)
(151) Japanisch: Kocha oder Kohcha = Schwarzer Tee, Kinoko = Pilz
(152) Den Namen Kinokocha schlug mir in einem persönlichen Brief ein großer Tee-Exporteur aus Shizuoka, Japan, vor, wenn Kombucha mit Grünem Tee zubereitet wird. Kinoko = Pilz, Cha = Tee, also Pilz-Tee